Sigrid Dey

Zwei hessische Landeier auf Hawai'i

Ein ganz persönlicher Reisebericht

Sigrid Dey

Zwei hessische Landeier auf Hawai'i

Ein ganz persönlicher Reisebericht

TRIGA
Der Verlag

Bibliografische Information der Deutschen Nationalbibliothek
Die Deutsche Nationalbibliothek verzeichnet diese Publikation in der Deutschen Nationalbibliografie;
detaillierte bibliografische Daten sind im Internet über http://dnb.d-nb.de abrufbar.

1. Auflage 2017

Herstellung: TRIGA – Der Verlag UG (haftungsbeschränkt), GF: Christina Schmitt
Leipziger Straße 2, 63571 Gelnhausen-Roth
www.triga-der-verlag.de, E-Mail: triga@triga-der-verlag.de

Zeichnungen: Jim Cheff

Druck: Druckservice Spengler, 63486 Bruchköbel
Printed in Germany

ISBN 978-3-95828-109-7 (Print-Ausgabe)
ISBN 978-3-95828-110-3 (eBook-Ausgabe)

Inhalt

Vorwort

Hawai'i, das klang für mich zunächst nach Sonne, Strand und Meer. Nach Surfern, riesenhaften Wellen, Palmen, Hula und Blumengirlanden ... Allein das kleine Wort »Hawai'i« vermochte in meinem Kopf wie auf Knopfdruck eine wahre Bilderflut auszulösen. Meine Vorstellungen purzelten durcheinander wie die bunt glitzernden Steinchen in einem Kaleidoskop und fügten sich zu immer neuen schillernden Collagen zusammen. Wie wir vor Ort feststellten, haben tatsächlich all diese Bilder ihre Berechtigung und sind auf die ein oder andere Weise dort zu finden. Aber Hawai'i ist soooo viel mehr als das, was mir mein von Reisedokumentationen und Hochglanz-Fotoreportagen gespeistes »Kopfkino« im Vorfeld präsentiert hatte! Uns erwartete eine überwältigende Natur mit den unterschiedlichsten Klimazonen und Facetten – manche gänzlich jenseits unserer Vorstellung. Dazu kulinarische Genüsse und buchstäblich »1001 things to do«. Da lügen die hawaiianischen Broschüren wirklich nicht, denn die Möglichkeiten, etwas zu unternehmen, sind schier endlos. Für jeden Geschmack ist etwas dabei.

Für meinen Mann Reiner und mich bergen die hawaiianischen Inseln daher jede Menge »Sehnsuchtspotenzial«. Wir sind seit unserem ersten Aufenthalt dort mit dem »Virus Hawai'i« infiziert und immer wieder ist ein akuter Ausbruch dieses ganz speziellen Reisefiebers zu verzeichnen. Da die für uns beste »Therapie« gegen diese Art Fernweh aus einem erneuten Urlaub auf dem wunderbaren Archipel besteht, haben wir die Inseln bisher noch zwei weitere Male besucht, jeweils mit verschiedenen Begleitern.

Die drei Urlaube waren völlig unterschiedlicher Natur, obwohl wir manch tolle Landschaft mehrfach besucht haben. Schon die Interessen und Persönlichkeiten der jeweiligen Mitreisenden sorgten für die verschiedensten Aktivitäten und Erlebnisse, ob spannend, amüsant, skurril oder alles auf einmal. Das machte jeden unserer Aufenthalte auf den Inseln einzigartig und gleichzeitig wunderbar.

Meine Erzählung wird die erste Hawaiireise als Ausgangspunkt und »roten Faden« nehmen. An den passenden Stellen sind die interessantesten Erlebnisse aus den weiteren Urlauben eingefügt.

Während der Entstehung dieses Buches fand ich es herrlich, abends im Bett zu liegen und nicht einschlafen zu können, weil uns noch so viele Sachen einfielen, alle beginnend mit »Weißt du noch ...?« Es machte einfach einen Riesenspaß, sich die ganzen Erlebnisse nochmals ins Gedächtnis zu rufen. Manchmal glaubte ich fast, den Wind wieder in den Haaren zu spüren, das Salz zu schmecken und die vielen typischen Gerüche in der Nase zu haben.

Was letztendlich dabei herauskam, bereitet hoffentlich ein wenig Vergnügen und Abwechslung und entführt gedanklich in das Hawai'i, wie ich es erlebt habe. Das Buch ist kein Reiseführer, sondern ein ganz persönlicher Erlebnisbericht. Da sich aber manches aus dem geografischen oder historischen Zusammenhang besser erschließt, habe ich bisweilen ein paar Hintergrundinformationen über Land und Leute eingefügt.

Natürlich haben wir bei Weitem noch nicht alles gesehen, es gibt dort noch so viel Neues zu entdecken und zu erleben. Aber vielleicht ist uns das Glück ja hold und wir bekommen noch mal die Gelegenheit ... Oh, ich merke schon, wie der nächste »Reisefieberschub« langsam Form annimmt ...

Aber vorab noch kurz dazu, wie es zu diesem Buch, unserer ersten Hawai'i-Reise und dem Titel kam:

1991 wanderte eine meiner besten Freundinnen in die USA aus. In den darauffolgenden Jahren durften wir sie mehrfach an ihren verschiedenen Wohnorten in den USA besuchen. Auch auf eigene Faust unternahmen wir ausgedehnte Reisen auf dem nordamerikanischen Kontinent einschließlich Kanada – und natürlich Hawai'i. Außerdem führte uns später eine Reise nach Japan. Auf diesen Reisen hatten wir viele schöne und spannende, manchmal aber auch skurrile Erlebnisse.

Damit meine Freundin an diesen Reisen zumindest im Geiste teilhaben konnte, habe ich unsere Erlebnisse zu Papier gebracht und sie ihr in Briefform geschickt. Von ihr kam die Anregung, unsere Reiseerlebnisse doch mit einem größeren Publikum zu teilen. Zugleich erklärte sich ihr Mann dankenswerterweise bereit, meine Erlebnisberichte zu illustrieren. So entstand schon das erste Büchlein dieser Reihe mit dem Titel »Zwei hessische Landeier in British Columbia«. Wer also Lust auf endlose Wälder, witzige Abenteuer und »Natur pur« hat, kann gerne hineinschmökern.

Und genau gegen Ende dieser Gruppenreise in Kanada war es, dass wir mit einigen Reiseteilnehmern zusammensaßen und über die zukünftigen Reisepläne jedes Einzelnen sprachen.

Ein Wort gab das andere und ganz spontan war der Gedanke geboren, in den folgenden Osterferien gemeinsam einen Trip nach Hawai'i zu unternehmen.

Reiner und ich hatten uns bis zu diesem Zeitpunkt noch nicht ernsthaft mit dem Gedanken an einen Hawai'i-Urlaub beschäftigt. Kaum nach Deutschland zurückgekehrt, holten wir das aber mit Begeisterung nach; wohl wissend, dass eine gemeinsame Reise mit unseren Urlaubsbekannten nicht bedeuten würde, faul am Strand zu liegen. Wohl aber eine Reise voll übermütiger, ungestümer Lebensfreude, witziger Sprüche und aufregender Aktivitäten. Und das traf genau unsere Vorstellungen und Wünsche! So weit, so gut.

Mein Mann ist der ruhende Pol in meinem Leben, mein Netz und doppelter Boden. Ich bin diejenige, die immer mit verrückten Ideen, was man denn im nächsten Urlaub unternehmen könnte, und den entsprechenden Reisekatalogen und allen möglichen anderen Unterlagen ankommt. Hochfliegende Pläne, tolle Einfälle, das kann ich richtig gut, mit Kopfkino und Fantasie bin ich reichlich gesegnet. Wobei ich jetzt zugeben muss, dass auch ich mittlerweile ein bisschen ruhiger geworden bin ...

Reiner hingegen ist seit jeher mehr der praktische Typ und hat das rechte Augenmaß. Gott sei Dank. Zwei so verrückte Hühner würden ja auch den Rahmen sprengen.

Insofern muss jede Urlaubsplanung erst mal durch seinen Filter – und da fällt immer schon einiges durchs Raster. Denn er besitzt ein ganz feines Gespür dafür, was für uns machbar und was völlig abstrus ist. Dafür kann ich nach seiner Prüfung aber sicher sein, dass alles, was zu sehr nach Raumschiff Enterprise klingt, ausgemustert ist und wir uns das, was übrig bleibt, auch zutrauen können. Und zwar mit Spaß und Genuss. Was nicht ausschließt, dass die eine oder andere Aufregung und auch mal ein spannendes Abenteuer dabei sind, doch der »Expeditionscharakter« ist eliminiert ... Und ja, auch Hawai'i hat durchaus Aktivitäten zu bieten, die uns vor zu große Herausforderungen gestellt hätten!

So vorbereitet trafen wir uns ein paar Wochen nach unserer Rückkehr aus British Columbia mit unseren Urlaubsbekannten.

Nachdem wir in den Erinnerungen an den gemeinsamen Kanadatrip geschwelgt hatten, begannen wir begeistert mit der Planung für Hawai'i. Wir überlegten, welche Inseln des Archipels für uns am interessantesten sind und was finanziell machbar ist. Danach arbeiteten wir einen Reiseplan mit den unterschiedlichsten Aktivitäten aus, der unsere Vorstellungen und Wünsche unter einen Hut brachte. Ich kann mich noch genau erinnern, wie das Reisefieber mich schon da voll übermannt hatte ...

Letztlich kam es so, dass wir Anfang März 1999 mit Ulrike (56), Silke (26) und Uwe (38) aus dem letzten Urlaub von Frankfurt aus starteten. Corinna (24), eine gute Freundin, ergänzte unsere Truppe. Sie hatte sich spontan bereit erklärt, für unseren Urlaubsbekannten Bert einzuspringen, der aus beruflichen Gründen leider kurzfristig abgesagt hatte.

Unsere zweite Reise traten wir 2002 gemeinsam mit unseren Nachbarn Lore (52) und Friedel (61) an, Tante und Onkel meines Mannes.

Beim dritten Urlaub 2006 begleitete uns Florian, Reiners damals zwanzigjähriger Trainingspartner aus dem Gym.

Hierzu ergänzend noch der kleine Hinweis, dass ich die Namen der Reiseteilnehmer, mit denen ich nicht mehr in persönlichem Kontakt stehe, geändert habe.

Aber wie kam es jetzt ausgerechnet zu dem Titel »Landeier«? Tja, während einem meiner Spaziergänge durch den Wald – die unternehme ich regelmäßig, das pustet mir den Kopf frei und mir kommen dabei oft die besten Ideen – suchte ich nach einem Titel für den Bericht über unseren Kanada-Urlaub. Der hatte unter dem Motto »Natur pur« gestanden.

Dabei fielen mir als krasses Gegenbeispiel zu den damaligen Erlebnissen fernab der Zivilisation die drei Tage ein, die wir einmal in der Vorweihnachtszeit in New York verbrachten. Von New York wird ja oft als dem »Mekka des Weihnachtsshoppings« gesprochen, das man unbedingt mal gesehen haben müsse. Das wollten wir uns natürlich nicht entgehen lassen! Ich bekomme jetzt noch Gänsehaut bei dem Gedanken, weil ich dabei nicht bedacht hatte, wie ich so »ticke« …

Ich bekam nämlich schon die Vollkrise, als wir im Taxi saßen und vom Flughafen zu unserem Hotel in Manhattan fuhren. Überall ein Menschengewühl, pulsierendes Leben; brodelnde Menschenmassen ergossen sich zum Teil zwischen den im Stau stehenden Autos über die Fahrbahnen, wogten um unser Taxi.

Schillernde Leuchtreklamen in allen nur erdenklichen Farben, grell blinkende Neonlichter, Werbetafeln in Dimensionen, die mir vorher unvorstellbar erschienen wären, mit ständig wechselnden Angeboten. Dazu eine unglaubliche Geräuschkulisse: unaufhörliches, penetrantes Hupen, das von überall zu kommen schien, durchdringendes Sirenengeheul … echt wie im Film. Für andere mag das belebend und inspirierend sein – für mich war es Reizüberflutung pur.

Die Stadt rückte mir viel zu nah auf die Pelle und nahm mir buchstäblich die Luft zum Atmen. All das zusammen war wirklich zu viel für mich. Noch im Taxi fragte ich Reiner ganz ernsthaft, ob wir nicht umdrehen wollten, uns zurück zum Flughafen chauffieren lassen und irgendwie versuchen sollten, einen direkten Flug nach Hause zu bekommen. Und zwar *jetzt sofort*! Ich bin halt einfach kein Stadtkind.

Auch fürs Shopping bin ich nur in Maßen zu begeistern, da erfülle ich wohl nicht das gängige Klischee, dass angeblich jede Frau ihre Freizeit am liebsten damit verbringt. Für mich ist es

Höchststrafe, in einer muffigen Umkleidekabine zu stehen, vor Stress nass geschwitzt in verschiedene Klamotten zu springen und dann im Spiegel doch nur zu sehen, wie meine Problemzonen unvorteilhaft betont werden. Da ich mich meist in Jeans, Turnschuhen und selbst bemaltem T-Shirt am wohlsten fühle und nur selten den Drang verspüre, mich in Schale zu werfen, muss ich mich Gott sei Dank relativ selten dieser Herausforderung stellen. Ich weiß also überhaupt nicht, wie ich damals auf die Idee verfallen bin, ausgerechnet zum Weihnachtsshopping nach New York zu wollen … Aber nun waren wir da …

Irgendwie habe ich die drei Tage in New York dann doch ganz gut rumbekommen. Ich muss ja zugeben, es gibt in dieser Riesenstadt wirklich unheimlich viel zu entdecken und zu sehen, man hat unzählige Möglichkeiten. Besonders beeindruckend fand ich die Aussicht vom Empire State Building bei Nacht und das Erlebnis, vom damaligen World Trade Center aus die Helikopter *unter* sich vorbeifliegen zu sehen. Auch das Museum für Naturgeschichte ist klasse. Tja, der »Big Apple« ist schon faszinierend – aber einfach nicht meine Welt.

Und als ich nach der Stippvisite dann endlich im Flieger Richtung Heimat saß, habe ich richtig aufgeatmet und festgestellt, wie sehr mich das alles angestrengt hat. Ich bin halt doch ein »Landei« …

Dabei leben wir im schönen Kinzigtal, in dem ich 1967 geboren wurde und mit meinem Mann (Baujahr 1964) auch heute noch wohne, keineswegs hinter dem Mond. Wir haben alles, was wir brauchen, in direkt erreichbarer Nähe, auch die Anbindung an Frankfurt ist bestens, aber hier lebt es sich doch ruhiger und die Uhren gehen zumindest etwas langsamer als zum Beispiel in New York. Und genau das ist es, was mir entgegenkommt und was ich nicht missen möchte. Außerdem genieße ich es sehr, unmittelbar am Wald zu wohnen und sofort im Grünen sein zu können.

Also mal schauen, was uns Hawai'i in der einen oder anderen Hinsicht zu bieten hat.

Ich wünsche euch nun viel Spaß bei der Lektüre und hoffe, ihr bekommt ein bisschen gute Laune und Fernweh dabei. Und wer weiß, vielleicht verschlägt es den ein oder anderen ja auch mal auf dieses traumhafte Fleckchen Erde. Natürlich ist auch auf Hawai'i nicht alles »Gold, was glänzt«, aber es kommt einem kleinen Paradies auf Erden doch schon gefährlich nahe.

Also bitte anschnallen, der Flieger startet …

London
Deutschland
Los Angeles
Nördlicher Atlantischer Ozean
Hawaii-Inseln
Nördlicher Pazifischer Ozean

Aloha Hawai'i!

Anfang März 1999 ging unser Flugzeug von Frankfurt Richtung Hawai'i.

Die Reise fing schon am Boden ziemlich chaotisch an, wie bei unserem Grüppchen ja nicht anders zu erwarten. Meine Eltern hatten Corinna und uns zum Flughafen gefahren. Vor ihr habe ich übrigens allerhöchsten Respekt; fand ich schon ganz schön mutig, sich ohne große Bedenkzeit auf dieses Abenteuer mit unserer bunten Truppe einzulassen. Zumal sie eine eher ruhige Person ist und der Rest der Mannschaft doch ganz schön extrovertiert.

Als Nächster traf Uwe ein. Ziemlich übernächtigt und noch leicht zerknittert, schließlich hat man ja mit Freunden ordentlich Abschied gefeiert. Verständlich, denn für ihn ging's nicht mal eben nur kurz nach Hawai'i. Nach unserem gemeinsamen Urlaub stand ein Kurztrip durch den Südwesten der USA auf seinem Programm, zu dem seine Freundin Heike nachkommen würde. Und darauf folgten für das komplette Sommerhalbjahr Verpflichtungen als Reiseleiter in Kanada und Alaska. Spannend fand ich dabei, dass sein Gepäck mit zwei mittelmäßig großen Sporttaschen nicht bedeutend umfangreicher war als das unsrige – das wohlgemerkt nur für gute drei Wochen berechnet war. Hm, vielleicht sollte ich doch noch mehr Mut zur Lücke beweisen. Aber mit einem einzigen großen Rucksack hatte ich mich für meine Verhältnisse schon ziemlich eingeschränkt.

Uwe hatten wir als Tourguide kennengelernt. Ganz schnell ist er jedoch ein echter Freund geworden. Ein Naturbursche, wie er im Buche steht, für den ein Bett gar nicht nötig ist. Ein Schlafsack irgendwo in der Wildnis tut's für Uwe genauso und er hat noch frische Luft gratis dabei.

Außerdem schafft er es mit seinem wunderbar raubeinigen Charme, einen provokanten Spruch nach dem anderen abzufeuern. Man hat oft kaum Gelegenheit, dazwischen Luft zu holen und sich eine passende Erwiderung zu überlegen, bevor er im breiten Schwäbisch schon nachlegt. Man kann sich herrlich mit ihm kabbeln, sich tolle Wortgefechte und kleine Scharmützel liefern; wir hatten oft geradezu Bauchmuskelkater vor Lachen. Außerdem hatte er durch seinen Reiseleiterjob eine Vielzahl an selbst erlebten Geschichten zum Besten zu geben. Es wurde also nie langweilig, ihm zuzuhören.

Als Nächste kam Ulrike angehetzt, ziemlich außer Atem. Ihr Zug, sowieso schon ein wenig knapp kalkuliert, hatte auch noch Verspätung gehabt und so schaffte sie es gerade eben. Ulrike ist eine richtige »Reisetante« und hat schon die halbe Welt erkundet. Auch sie kann faszinierend und fesselnd erzählen, was nicht nur an ihrem unerschöpflichen Fundus an Erlebnissen liegt, sondern sicher auch daran, dass sie alles mit herrlicher Mimik und Gebärden untermalt. Es macht einen Riesenspaß, ihr zuzuhören und zuzuschauen.

Nun fehlte noch Silke, das »Küken« unserer vorherigen Reise. Sie ist lustig und spontan (manchmal so spontan, dass sie sich hinterher fragt, auf was sie sich jetzt schon wieder eingelassen hat) und hatte in British Columbia die Lacher immer auf ihrer Seite, wenn ihr dabei die verrücktesten Sachen passierten. Mit Silke kann man Pferde stehlen und die witzigsten Dinge unternehmen.

Sie hatte verschlafen und kam auf den allerletzten Drücker. Deshalb konnten wir unsere Sitzplatzreservierungen nicht mehr rechtzeitig machen und saßen im Flieger nicht zusammen, sondern kunterbunt verstreut. Sehr schade, aber man konnte sich ja immer mal auf ein kurzes Schwätzchen auf dem Gang vor den Toiletten treffen.

Jedenfalls war die erste Etappe nach eineinhalb Stunden schnell geschafft, sie führte uns auch nur nach London. Dort waren vier Stunden Aufenthalt geplant, bis der Weiterflug nach Los Angeles starten sollte. Leider blieb es nicht bei der vorgesehenen Zeit, es gab auch keine Information und wir hatten schon Sorge, ob wir es in Los Angeles zu unserem Anschlussflug nach Honolulu schaffen würden. Nach fünfeinhalb Stunden tat uns die Anzeigetafel dann endlich den Gefallen und meldete, der Flieger sei startklar.

Weiter ging's nun über den großen Teich, in ungefähr 11 Stunden nonstop nach Los Angeles. Vielleicht sollte ich erwähnen, dass das Flugzeug nicht mein allerliebstes Fortbewegungsmittel ist. Ich finde es einfach nur stressig, so eingesperrt zu sein und kaum Bewegungsfreiheit zu haben. Jetzt bin ich mit 1,63 m nicht die Größte, aber einfach von Natur aus »hibbelisch«, wie es hessisch so schön heißt, und nicht fürs Stillsitzen gemacht. Ich glaube, meine Eltern sprachen in meiner Kindheit davon, dass ich wohl einen eingebauten Motor ohne »Aus-Knopf« hätte – das werden andere Eltern bestimmt auch kennen. Bei mir scheint dieses Symptom anscheinend zumindest bis ins frühe Erwachsenenalter überdauert zu haben. Jedenfalls ist jeder Flug, der über eine gewisse Zeit – und gewisse Zeit bedeutet bei mir mitunter eine Viertelstunde – hinausgeht, eine Geduldsprobe für mich und demzufolge auch eine Tortur für meine Mitreisenden.

Ich zappele, weiß nicht, wohin mit meinen Beinen, stöhne über die trockene Luft im Flugzeug, bekomme feuchte Hände und Beklemmungen bei jedem Start und jeder Landung, finde Turbulenzen geradezu grässlich und kleckere mich grundsätzlich bei jeder Mahlzeit voll, weil mir alles viel zu eng ist und es just immer dann wackelt, wenn ich die Gabel zum Mund führen möchte. Also im Klartext: »Über den Wolken«, wie Reinhard Mey es besang, ist nicht meine Welt. Und so ganz weg sind alle Ängste und Sorgen ja denn doch nicht, schön wär's ja …

So, jetzt aber genug gejammert. Ich kann schon meinen Mann grinsen sehen, wenn er diese Zeilen liest, denn schließlich behaupte ich seit Jahr und Tag, der nächste Urlaub findet in der Rhön statt. Na ja, hat bis jetzt noch nicht geklappt …

Jedenfalls hatte ich auf dem Flug über den großen Teich jede Menge Zeit, mir noch mal die geplante Reiseroute ins Gedächtnis zu rufen und in gespannter Vorfreude zu schwelgen:

O'ahu, Maui, Big Island (auch Hawai'i genannt, wie die gesamte Inselgruppe), Kaua'i, Lana'i, Moloka'i, und Ni'ihau sind die bewohnten Hauptinseln des hawaiianischen Archipels. Allein diese klangvollen Namen verhießen mir schon Exotik pur und waren Musik in meinen Ohren.

Unsere Reise sollte uns, mit nur jeweils einer kurzen Stipp-

visite für die erste und letzte Übernachtung auf O'ahu zuerst nach Maui, dann nach Big Island und zu guter Letzt nach Kaua'i führen. Wobei sich Kaua'i als »Königshappen« auf meiner ganz persönlichen Favoriten-Skala herausstellen sollte.

Dieselben Inseln besuchten wir auch während der folgenden Urlaube, allerdings ohne den Zwischenstopp auf O'ahu. O'ahu und Honolulu werde ich von daher nur am Rande streifen. Aber macht euch trotzdem auf jede Menge Interessantes gefasst. Auch wenn's weniger Großstadtstorys sind – uns »Landeier« zieht's eben eher in die Natur.

In Los Angeles mussten wir uns mächtig sputen, denn unser Anschlussflieger nach Honolulu auf O'ahu stand schon bereit. Wir schafften es geradeso, bevor die Luken geschlossen wurden und der Vogel auch schon abhob.

Wenn man an der Westküste der USA angekommen ist, fühlt es sich erst mal so an, als wäre Hawai'i nur noch einen Katzensprung entfernt. Leider ist das ein Trugschluss. Die Inselgruppe liegt mitten im Pazifik, weiter entfernt vom nächsten Kontinent als jeder andere Archipel und die Flugzeit beträgt noch mal über fünfeinhalb Stunden. Von Hawai'i aus betrachtet in die andere Richtung liegt Japan am nächsten – knapp acht Flugstunden entfernt.

Die gefühlten sechs Flugstunden brachten mich an den Rand meiner Belastbarkeit. Der Flug wollte kein Ende nehmen, die Sekunden dehnten sich zu Minuten, die endlosen Minuten zu Stunden. Ich war total übermüdet und überreizt und hätte einfach nur schreien mögen. Na ja, irgendwie hab ich mich dann doch zusammengerissen, wär ja auch sonst zu peinlich gewesen.

Zumindest zeitweilig konnte mich das Flugzeugessen von der Enge, meinem Unbehagen und Bewegungsdrang ablenken. So habe ich das erste Mal Bekanntschaft mit einer kulinarischen Besonderheit von Hawai'i gemacht. Die Flugzeugkombüse servierte nämlich Poi, einst wegen seines hohen Nährwertes Grundnahrungsmittel auf den hawaiianischen Inseln. Poi ist ein Brei aus den stärkehaltigen, kartoffelartigen Tarowurzeln, die zerkocht und zerstampft werden, sieht gräulich bis violett aus und hat in etwa die Konsistenz von Tapetenkleister. Das kann sich bestimmt jeder vorstellen, ohne dass ich ins Detail gehen muss ... Es schmeckte gewöhnungsbedürftig, allerdings gar nicht so übel, wie der Anblick vermuten ließ – obwohl es auch nicht gerade meine Leibspeise geworden ist.

Nach einer Gesamtreisedauer von – den Weg zum Flughafen eingerechnet – 28 Stunden, landeten wir auf O'ahu. *Endlich*! Man wird kaum glauben, wie erleichtert und glücklich ich darüber war, die Anreise endlich überstanden zu haben.

O’ahu

Erste Eindrücke

Die Zeitdifferenz zu Deutschland beträgt (zumindest während der Sommerzeit) minus 12 Stunden, wir erreichten die Insel daher gegen 22.00 Uhr Ortszeit. Unser erster Eindruck von Honolulu bei Nacht war der einer typisch amerikanischen Großstadt mit großen Hotelanlagen und quirligem Leben. Eine Stretch-Limousine, die als Taxi vom Flughafen diente, brachte uns alle gemeinsam in unser im Touristenviertel Waikiki-Beach gelegenes Hotel, den »Ala Moana Tower«, da der Weiterflug nach Maui erst für den nächsten Tag vorgesehen war. Gott sei Dank, denn ganz ehrlich, vom Fliegen hatte ich gerade die Nase gestrichen voll.

Obwohl ich von der Anreise so fertig war, war ich gleichzeitig auch total überdreht wegen der vielen neuen Eindrücke und der ganzen Aufregung. Insofern kam es mir sehr gelegen, dass die Idee laut wurde, sich noch auf einen »Absacker« in irgendeiner Bar zu treffen. Das ist in Waikiki auch wirklich kein Problem, dort sind die Nächte eh lang. Wir fanden direkt neben unserem Hotel eine kleine Bar und nahmen einen Drink.

Dabei ließ ich mir das Wort »Honolulu« noch einmal auf der Zunge zergehen. Und erinnerte mich plötzlich daran, dass meine Oma schon in meiner Kindheit gerne den Spruch gebrauchte: »In Honolulu, wo die Hunde mit dem Schwanze bellen.« Ich weiß nicht mehr, was sie damit meinte und in welchem Zusammenhang sie ihn verwendete, aber er ist mir im Gedächtnis haften geblieben. Und als Kind hatte ich tatsächlich die Vorstellung, dass in Honolulu – einer großen Hafenstadt wie Hamburg – die Hunde ihre Schnauze am Schwanz haben und damit bellen können. Ich sah es ganz deutlich vor mir, wie sie auf gepflasterten Straßen zwischen hohen grauen Häusern herumliefen – welch skurriles Bild – Ihr wisst ja: Kopfkino funktioniert bei mir bestens. Vermutlich wollte meine Großmutter damit einfach nur ausdrücken, dass es auf der anderen Seite der Erdkugel total fremd und gegensätzlich zu dem zugeht, wie wir es im schönen Hessenland gewohnt sind.

Und nun saß ich wirklich und leibhaftig in einer Bar in Honolulu! Ich hätte mir niemals träumen lassen, dass es mich mal an diesen exotischen Ort verschlagen würde. Irgendwie bekam ich bei dem Gedanken schon eine Gänsehaut und konnte es gar nicht richtig fassen. Ich musste mich tatsächlich kneifen, um es glauben zu können.

Aber nun kann ich zu eurer Beruhigung aus eigener Erfahrung berichten: Wie ich spätestens in den nächsten Tagen erfahren sollte, bellen auch auf Hawai'i die Hunde mit dem richtigen Ende. Und obwohl die Inseln für uns tatsächlich auf der anderen Seite der Erdkugel liegen, ist uns ein Teil der Lebensgewohnheiten dort gar nicht so fremd.

Spätestens seit Hawai'i 1959 ein Bundesstaat der Vereinigten Staaten von Amerika geworden ist, sind auch viele westliche Lebensgewohnheiten dorthin geschwappt und haben für eine ganze Weile sogar die hawaiianische Kultur überlagert und teilweise verdrängt. So durfte zum Beispiel lange Zeit in den Schulen die hawaiianische Sprache nicht unterrichtet werden.

Mittlerweile gewinnen die alten Traditionen der Inseln aber wieder an Einfluss und Bedeutung, und eine Rückbesinnung auf die traditionellen Werte ist im Gange.

Was mir als aus dem »Hamsterrad« der »Höher-Schneller-Weiter-Effizienter-Welt« kommenden Europäer als Erstes ins Auge fiel: Den Menschen auf Hawai'i ist eine deutlich entspanntere Grundhaltung eigen als vielen in Europa oder auch auf dem amerikanischen Festland.

Alles scheint ein bisschen in Slow Motion abzulaufen, ganz speziell auf Kaua'i – dort hatte ich den Eindruck, dass die Uhren selbst für die schon grundsätzlich entspannten hawaiianischen Verhältnisse langsamer ticken. Wie schön und erholsam, wenn man sich einmal darauf eingelassen hat. Das schönste Reiseandenken, das ich für mich von Hawai'i mitgebracht habe, kann man nicht anfassen und es passt in den kleinsten Koffer: Eine große Portion Gelassenheit – »Hang Loose« – entspannt und locker bleiben – wie man auf Hawai'i so schön sagt.

In dem Zusammenhang kommt mir der »Aloha-Spirit« in den

Sinn. Nein, er ist kein Mythos – es gibt ihn wirklich, auch wenn man manchmal das Gefühl hat, der Begriff sei schon ein wenig überstrapaziert. »Aloha« hat auf Hawai'i verschiedene Bedeutungen. Es dient nicht nur der Begrüßung, dem Willkommen-Heißen – das oftmals zusammen mit einem Lei, einer Blütengirlande ausgedrückt wird, oder als Abschiedsgruß. Nein, Aloha meint viel mehr als das. Es beinhaltet ein ganzes Lebensgefühl, eine Lebenseinstellung, den Gedanken, in Harmonie mit seinem Gegenüber zu sein und auch mit der gesamten Schöpfung. Wertschätzung für jeden Menschen, die Natur und alles, was ist. »Gelebte Liebe« als Synonym für Warmherzigkeit, Zuneigung, Güte, Liebenswürdigkeit, Respekt … Und den Gedanken, dass die Handlungen und Einstellungen jedes einzelnen Menschen für die Gesamtheit von Bedeutung sind. Und ohne tiefer in diese Philosophie einzusteigen, ist es genau das, was bei mir persönlich angekommen ist.

Wenn man mal genauer hinspürt, gibt es diese Weltsicht sicherlich nicht nur auf Hawai'i – sie ist für mich universal gültig. Nach meinem Gefühl wird sie jedoch auf Hawai'i schon deutlich intensiver und öffentlicher gelebt als hierzulande. Und das fühlt sich richtig gut an!

Und tatsächlich kann ich jetzt, Jahre später, sagen, dass etwas von dem Samen des Aloha Spirits und von »Hang loose« aufgegangen und es mir gelungen ist, ein wenig hawaiianische Gelassenheit in mein Leben zu integrieren. Vormals im Büro zu Hause, habe ich meine innere Lebenseinstellung zum Beruf machen können, gebe jetzt Shiatsu- und Entspannungsbehandlungen und gestatte mir parallel dazu, meiner zweiten Leidenschaft nachzugehen und zu schreiben.

So viel zum Anreisetag und unserer allerersten gedanklichen wie auch buchstäblichen Annäherung an unsere Urlaubsinseln.

Völlig übernächtigt fielen wir nach unserem Willkommens-Drink in unsere Betten und gönnten uns eine Mütze Schlaf. Allerdings waren wir schon relativ früh wieder munter – der Jetlag lässt grüßen – und trafen uns zu einem typisch amerikanischen Frühstück mit Bratkartoffeln, Eiern und Speck in einem Coffeeshop.

Da unser Weiterflug erst gegen Mittag vorgesehen war, erkundeten wir anschließend noch ein Stück des berühmten Strandes von Waikiki.

Waikiki-Beach

Wenn ihr jetzt wissen möchtet, wie mir der berühmte Waikiki-Beach gefallen hat, dann kann ich nur sagen, ich war ziemlich enttäuscht. Irritiert? Kann ich verstehen. War ich auch, denn ich hatte mir Hawai'i, Waikiki und seine Bewohner so gaaaanz anders vorgestellt!

Meine romantisch-verklärte Vorstellung hatte mir Bilder von polynesischem Südseezauber, von sich im Wind wiegenden Palmen an einsamen Stränden, von riesenhaften Wellen und braun gebrannten surfenden Insulanern mit durchtrainiertem Körper in Hawaiishorts vorgegaukelt. Okay, natürlich hatte ich gedanklich für Waikiki ein paar kleine Abstriche gemacht, aber …

Tatsächlich fand ich mich unvermittelt in der folgenden Realität wieder:

Honolulu ist eine waschechte Großstadt, die gefühlt bis direkt an den Strand reicht. Und der berühmte Strand von Waikiki ist gesäumt von riesigen Hotels. Um zum Strand zu gelangen, durchquerten wir eine dieser luxuriösen Herbergen, das Hilton-Village. Es ist tatsächlich eine Stadt für sich, mit wundervoll angelegten Gärten, Teichen mit Zierfischen und Flamingos, Pool-Landschaften und allem erdenklichen Komfort. Auch einige Brautpaare samt Hochzeitsgesellschaft kreuzten unseren Weg. Hochzeitsarrangements sind ja ebenfalls ein wichtiger Aspekt im Angebot der Inseln.

Obwohl durchaus imponierend und beeindruckend, war das nicht so ganz unsere Kragenweite. Mir – und auch meinen Mitreisenden – stand der Sinn eher nach Natur und weniger nach Komfort und Massentourismus.

Die Wellen waren, zumindest während unseres Besuches dort, äußerst zahm. Von den haushohen Brechern, der Pipe und den wagemutigen Surfern in ihrem Inneren keine Spur.

Ein Großteil von Waikiki einschließlich der Geschäfte und Restaurants war fest in asiatischer Hand, was man an Schildern mit entsprechenden Schriftzeichen sehen konnte. Das fand ich total befremdlich. Es begegneten uns auch größtenteils Asiaten – von den erwarteten polynesischen Ureinwohnern keine Spur ...

Die Bekleidung vieler Strandbesucher fand ich ebenfalls höchst irritierend. Die Herren zeigten sich in Bermudas und verwegen gemusterten Hawaiihemden. Das alleine fand ich jetzt noch nicht ungewöhnlich, schließlich gehört das Hawaiihemd wirklich zur dortigen Lebenseinstellung und Identität und ist sogar businesstauglich. Ungewöhnlich fand ich vielmehr, dass dazu statt der erwarteten Flip-Flops Sandalen angesagt waren, dazu dunkle Socken, hochgezogen bis zur Hälfte der Wade. Also eigentlich das, was man in Satiren oft als typisch deutsche Touristenuniform dargestellt bekommt. Das hätte ich eher am Langener Waldsee oder an der Kiesgrube in Nieder-Roden erwartet – wie schon die Rodgau Monotones wussten – das »St. Tropez am Baggersee!« – aber doch nicht hier!

Irgendwie war das so wie mit den Schokoladen-Muffins meines Freundes Andi, seines Zeichens Chemiker. Immer für einen Spaß gut, hatte er für eine Feier superleckere Schoko-Muffins gebacken und sie mit Lebensmittelfarbe himbeerrot gefärbt. Das Auge und damit wohl auch das Hirn ordneten das Gebäck anscheinend automatisch in eine bekannte Kategorie ein und vor allem die Geschmacksnerven erwarteten beim Reinbeißen Kirsch-, Himbeer- oder doch zumindest Erdbeergeschmack. Aber weit gefehlt, sie schmeckten einfach nur wie die ganz fantastischen Schokoladen-Muffins, die sie ja auch waren. Aber: Kaum jemand nahm einen zweiten Bissen ... So ist das, wenn man etwas anderes bekommt, als man erwartet.

Und genau dieses »Schoko-Muffin-Erdbeer-Himbeer-Kirsch-Gefühl« hatte ich, als wir die ersten Schritte in Waikiki unternahmen. Kennt ihr dieses Gefühl?

Obwohl mir ja bei intensiverer Vorbereitung auf Honolulu hätte klar sein müssen, was uns erwartet. Nämlich:

In Waikiki kann man überall surfen lernen – ist ja eigentlich schon ein Indiz für normalerweise ruhigere »Anfänger-Wellen«, oder? Die irre Brandung und die Surf-Profis findet man also eher zur Winterzeit an den Stränden der Northshore.

Fast die Hälfte der Einwohner von Honolulu sind tatsächlich Asiaten, etwa ein Fünftel ist europäischer Abstammung. Die ursprünglichen hawaiianischen Bewohner sind heute in der Minderheit und zusammen mit anderen Pazifikinsulanern nur mit ca. neun Prozent vertreten. Daneben gibt es natürlich noch jede Menge Angehöriger multiethnischer Herkunft sowie kleinere Gruppen Afroamerikaner, Latinos, etc.[1]

Auf alle Fälle sind Honolulu/O'ahu und auch die anderen hawaiianischen Inseln ein Schmelztiegel verschiedenster Nationen und machen sogar New York Konkurrenz.

Geschichtlich durchaus erklärbar: Ursprünglich wurden die hawaiianischen Inseln von Polynesiern aus der Südsee besiedelt. Anfang des 19. Jahrhunderts erreichten christliche Missionare den Archipel. Ihnen folgte ein Zustrom westlicher Siedler. Nicht nur Händler und Walfänger gingen ihrem Gewerbe nach, es wurden auch große Ananas- und Zuckerrohrplantagen etabliert. Um im späten 19. Jahrhundert den Arbeitskräftemangel auf den Plantagen zu beheben, wurden Hilfskräfte aus Japan, China, Korea, Puerto Rico, Portugal, Russland und den Philippinen angeworben. Seit Mitte des letzten Jahrhunderts hat Honolulu eine eigene Chinatown, in der sich viele Chinesen niederließen, die ihre Vertragszeit auf den Plantagen abgeleistet hatten.

Alles in allem ist es wirklich ein buntes Völkchen geworden. Und so verwundert es nicht, dass O'ahu schon seit Langem »The gathering place«, also der »Versammlungsort« genannt wird, vier Fünftel der Bevölkerung des Archipels auf O'ahu leben und dass Honolulu zu einer »kosmopolitischen Hafenstadt an der Nahtstelle von Amerika zu Asien geworden ist«.[2]

Im frühen 20. Jahrhundert verloren die Plantagen an Bedeutung und der aufkommende Tourismus bestimmte mehr und mehr

---

1 vgl. U.S. Census Bureau

2 HB Bildatlas Special Hawaii 24 von 1994, HB Verlag Hamburg, S. 20

das Bild der Inseln. Die Touristen und Erholungs- bzw. Abenteuersuchenden aus aller Welt sind ganz gewiss auch »multikulti« und bestätigen insofern die Anziehungskraft, die die Inseln auf Menschen rund um den Globus – uns selbst natürlich eingeschlossen – aus den verschiedensten Gründen schon seit Langem ausüben.

Ein Zitat von William Somerset Maugham finde ich in diesem Zusammenhang sehr passend. Er fand Honolulu schon 1916 bemerkenswert: »Es ist der Treffpunkt zwischen Ost und West. Das Allerneueste liegt Seite an Seite mit dem unermeßlich Alten. Und wenn du hier auch nicht die Romantik findest, die du erwartet hast, so bist du doch auf etwas einmalig Faszinierendes gestoßen. All diese fremden Leute leben so nah zusammen, mit verschiedenen Sprachen und verschiedenen Gedanken; sie glauben an verschiedene Götter und haben verschiedene Werte; nur zwei Leidenschaften teilen sie alle: Liebe und Hunger. Und irgendwie, wenn du sie beobachtest, gewinnst du den Eindruck von außerordentlicher Vitalität.«[3]

Ja, Vitalität und quirliges Leben kann ich absolut bestätigen! Und auch seinen anderen Gedanken kann ich nur Beifall zollen. So gut hätte ich es nie auf den Punkt bringen können.

Tja, hätte ich mich damit mal vorher ein bisschen auseinandergesetzt, wäre ich wohl in Honolulu nicht so enttäuscht gewesen. Aber was soll's, mein Augenmerk war bei den Vorbereitungen eher auf die landschaftlichen Schönheiten gerichtet. Die dann allerdings wirklich meine kühnsten Erwartungen übertrafen, insbesondere der Kilauea-Vulkan mit der heißen Lava … das war, um beim Thema zu bleiben, eine Geschmacksexplosion ungeahnten Ausmaßes, ein riesengroßes Himbeer-Erdbeer-Kirsch-Muffin mit Extra-Sahnehäubchen obendrauf.

Es war aber auf alle Fälle gut, mal einen kurzen Eindruck von der touristisch am meisten erschlossenen Hauptinsel O'ahu bekommen zu haben. Und sicher gibt es dort auch jede Menge

---

3 Zitiert nach: HB Bildatlas Special Hawaii 24 von 1994, HB Verlag Hamburg, S. 20/22

landschaftliche Highlights zu bewundern, wenn man Waikiki hinter sich lässt.

Andererseits waren wir alle nicht böse darüber, dass uns der Flieger gegen Mittag von Honolulu nach Kahului auf Maui brachte.

Der Flug von Honolulu nach Maui war dann mal ein Flug, der auch mir gefiel! Kurze Flugdauer: Kaum waren wir gestartet, gab es einen Becher Guavensaft und schon setzten wir wieder zur Landung an. Da es keine feste Sitzplatzreservierung gab, und genügend freie Plätze vorhanden waren, konnten wir alle die wundervolle Aussicht auf die Inseln von einem Fensterplatz aus genießen. So kann auch ich mit dem Fliegen leben.

Maui

Auf Maui nahmen wir Mädels unser Gepäck in Empfang, während die beiden Jungs sich auf den Weg zur Autovermietung machten und nach kurzer Zeit mit unserem vorbestellten Van wieder erschienen. Beide ließen sich als Fahrer notieren, während wir nur »genießen« wollten. Da jeder zusätzlich eingetragene Fahrer Aufpreis kostet, hatten wir uns ohne Probleme entschieden, diesen Part den Männern zu überlassen. Und sich ganz entspannt chauffieren zu lassen, hat doch auch was für sich, oder? Emanzipation hin, Emanzipation her.

Nun ging's in ein kleines, schnuckeliges Hotel mit großem Swimmingpool und Zugang zum Strand an der Westküste der Nordinsel. Wobei ich mich im Nachhinein gar nicht erinnern kann, dort überhaupt im Pool oder im Meer gewesen zu sein, denn es stand so viel auf unserer To-do-Liste, dass wir dazu gar nicht kamen. Allerdings ist auf Hawai'i auch nicht jeder Strand zum Baden und Schwimmen geeignet. Oft gibt es gefährliche Strömungen, immense Brandung oder auch Riffe unter der Wasseroberfläche.

Jedenfalls sind die Strände fast immer äußerst fotogen, vielfach romantisch, oft aber auch einfach nur höchst beeindruckend wegen der heftigen Wellen und der ungeheuren Kraft des Wassers. Schließlich können sich die Wellen ja auf ihrem Weg über den riesigen Pazifik ungehindert aufbauen, ohne vorher auf Land zu treffen. Zusammen mit der Unterwassertopografie rund um die Inseln der Hauptgrund, weswegen die hawaiianischen Inseln das Surfmekka schlechthin sind. Angesichts dieser Naturgewalt erschienen mir die menschlichen Kräfte und Möglichkeiten mikroskopisch klein …

Es ist schon sinnvoll, sehr genau zu schauen, wo man ins Wasser geht und wie die Bedingungen gerade sind. Anhaltspunkte bieten oft der Reiseführer, Schilder, oder man fragt einfach bei den »Locals« – den Einheimischen nach. Die übrigens auch ein prima Motto haben, das da lautet, man solle dem Ozean nie den Rücken zuwenden und immer auf der Hut sein.

Wenn wir gerade bei Strand, Wasser und seinen Bewohnern

sind, fällt mir dazu der Spruch von Florian ein, der den gesamten dritten Urlaub prägte und den er gleich am ersten Strand zum Besten gab, nämlich die bange Frage: »Gibt's hier Haie?« Und auf unsere wahrheitsgemäße Antwort: »Ja, natürlich!« kam wie aus der Pistole geschossen: »Ich geh hier nicht rein!!!«. Diese Satzfolge wiederholte sich mit schöner Regelmäßigkeit an *jedem* Strand, den wir besuchten. Das Witzige daran war nur, dass er es sich jedes Mal binnen weniger Minuten anders überlegte, und

Gibt's hier Haie?

sich doch zu uns ins Wasser gesellte. Gesehen haben wir während unserer Urlaube dort keine Haie, aber eine gewisse Aufmerksamkeit und Vorsicht haben wir doch immer walten lassen.

»Gibt's hier Haie?« begleitet uns seither in stetiger Erinnerung an diesen Urlaub. Zwar nicht täglich, aber mindestens einmal die Woche, kommt der Spruch von Reiner oder mir und wir müssen jedes Mal grinsen.

Das Allerbeste aber passierte, als wir mit dem fünfjährigen Fabian erstmals im Strandbad Nieder-Roden waren. Der Kleine stand oben an der Böschung, betrachtete den See lange und versonnen und stellte dann fest: »Du, Reiner, der See ist ganz schön groß.« »Ja, stimmt«, bestätigte ihm mein Mann. Und die nächste, etwas bange Frage lautete: »Du, Reiner, gibt's hier Haie??« Eine völlig berechtigte Frage, denn mit Kinderaugen betrachtet, kann der See ja tatsächlich groß wie das Meer wirken. Trotzdem mussten wir uns nach einem amüsierten Blickwechsel das Lachen verkneifen. Reiner antwortete ihm dann aber natürlich völlig wahrheitsgemäß, dass mit Haien hier in der Kiesgrube nun wirklich nicht zu rechnen sei. Und wieder mal hatte uns die Erinnerung an den Hawai'i-Urlaub eingeholt – wie herrlich.

Auf unserer zweiten Reise hatten wir mit Lore und Friedel auf Maui statt eines Hotels oder Motels ein Appartement in Ma'alaea gebucht. Das Appartement war superklasse eingerichtet, mit Blick auf Pool und Jacuzzi und das nur zwanzig Meter entfernte Meer. Wir hatten wirklich alles, was das Herz begehrte. Vor allem eine komplett ausgestattete Küche, die von Toaster über Mikrowelle und Eisportionierer bis zu Cocktailgläsern mit allem aufwartete und keine Wünsche offen ließ. Das nutzten wir natürlich auch ausgiebig!

Denn: Lore ist Köchin, und zwar mit Leib und Seele. Es ist nicht nur ihr Beruf, sondern tatsächlich ihre Berufung, und sie ist erst dann richtig glücklich, wenn sie für viele Menschen kochen kann. Mein Mann ist zwar beruflich im Anlagenbau tätig, liebt seine Maschinen und ist mit heilenden Händen für jede Art von Technik gesegnet, zu Hause aber sehr gerne »begnadeter Hilfskoch«, wie er sich selbst nennt. Er ist kulinarisch sehr experimentierfreudig und genießt das Kochen – und das Essen natürlich auch. Gerne überlasse ich ihm da auch das Feld und konzentriere mich aufs Backen – dafür hab ich ein Faible.

Und nachdem wir uns im Supermarkt bzw. bei diversen Marktständen unter vielen begeisterten »Ah's« und »Oh's« mit den herrlichsten frischen Köstlichkeiten eingedeckt hatten, legten Lore und Reiner mit Begeisterung los. Der Schlemmerei waren buchstäblich Tür und Tor geöffnet – und wir lernten ganz nebenbei von Lore, wie man zum Beispiel gekonnt Papayas zerlegt und Mangos schneidet. Zudem zauberte sie gleich am ersten Tag aus Früchten und ganz gewöhnlichen Salatzutaten plus scharfem Kimchi-Dressing einen fantastischen Salat.

Oh, wie gerne würde ich jetzt gerade mal wieder auf Maui sein und dort auf dem Balkon unseres Appartements sitzen. Ich erinnere mich noch ganz genau an die wunderschönen Frühstunden dort, wenn wir im heiteren, klaren Morgenlicht beim ausgiebigen Frühstück saßen. Herrlichen Kaffeeduft in der Nase, gestreichelt von einer sanften Brise, konnten wir mit Blick auf die Wellen in der Bucht die Ruderteams in ihren Auslegerkanus beim Trainieren beobachten. Dabei schweiften die Gedanken oft schon voller Vorfreude und gespannter Erwartung zu den Erlebnissen, die uns an diesem Tag erwarten sollten.

Auch abends saßen wir zum Dämmerschoppen oft noch auf dem Balkon, angenehm müde von den wunderbaren Eindrücken des Tages. Wir genossen das Panorama der sich im Wind wiegenden Palmen vor einem Meer mit sich kräuselnden Wellen, auf die der Sonnenuntergang rosafarbenes, violettes, später silbernes Licht zauberte. Dazu ein auf den Punkt gegrilltes Steak, ein Glas Wein – Wohlgefühl pur – oh, oh, tiefes Seufzen und akutes Fernweh! Nur schade, dass noch niemand das Beamen erfunden hat, sonst wäre ich jetzt sofort weg …

Witzigerweise war der Balkon unseres Appartements von den Nachbarbalkonen jeweils durch einen Spiegel abgetrennt. So saß man jederzeit im Zentrum des Sonnenscheins und konnte immer

wunderbar Sonne tanken. Irritierend waren nur die Geräusche, die wir manchmal so vernahmen. An einer Wand hing ein Bild und dahinter hörte es sich oftmals so an, als würde ein kleiner Vogel leise piepsen. Es dauerte fast eine ganze Woche, bis wir herausgefunden hatten, was bzw. wer diese eigentümlichen Geräusche verursachte: ein kleiner Gecko, der das Bild zu seiner Heimstatt auserkoren hatte. Wie schön, zumal Geckos auf Hawai'i das Symbol für Glück sind. Wahrscheinlich, weil sie einem die Insekten vom Hals halten. Außerdem sind sie mitunter wunderschön anzusehen, wie dieses Exemplar, das sich auf unserem Auto ausruhte.

Auch mit Florian hatten wir auf Maui ein Appartement, diesmal auf der anderen Seite der Bucht, in Kihei. Dieses zweite Appartement war ebenfalls super ausgestattet. Weil für uns die Vorteile der Eigenversorgung und die damit verbundene Flexibilität überwiegen, ziehen wir diese Übernachtungsvariante dem Hotel vor. Auch deshalb, weil in den USA das Frühstück meist nicht im Übernachtungspreis enthalten ist, viele Motels kein eigenes Restaurant haben und man deshalb in den nächsten Coffeeshop fahren muss. Und ein entspanntes und ausgiebiges Frühstück »ohne Anreise« ist mir besonders wichtig. Für die Unternehmungen des Tages kann man sich so auch wunderbar Proviant richten. Platz für Spontaneität und Restaurantbesuche zwischendurch ist ja trotzdem immer.

Reiner und Flo sind übrigens begeisterte Kraftsportler und quasi in jedem Gym zu Hause. Demzufolge stand bei diesem

Trip die sportliche Seite im Vordergrund, sei es beim Wandern, Boogie Boarden, beim Krafttraining oder Schnorcheln. Ist denn Schnorcheln Sport? Na ja, irgendwie schon ein bisschen, wenn die Wellen hoch genug sind, oder? Jedenfalls kann man Flo auch ansonsten für alles Mögliche begeistern, und solange immer mal zwischendurch eine Trainingseinheit eingeplant ist, ist er völlig flexibel. So auch fürs Drachen steigen lassen …

Vor unserem Motel gab es hier nämlich einen breiten Rasenstreifen, bevor man zum palmengesäumten Meeresstrand kam. Diese Rasenfläche nutzten wir, um unseren mitgebrachten Drachen steigen zu lassen. Reiner besitzt eine recht große Matte und bei dem Wind war es ein echtes Vergnügen, allerdings überwiegend für die Jungs, denn ich hatte wirklich Mühe, das Fluggerät unter Kontrolle zu behalten, ohne selbst mit in die Höhe gelupft zu werden. Es war schon richtig anstrengend, ein echtes Kräftemessen meinerseits mit dem Wind und dem Drachen. Später sahen wir an Ke'e Beach den Kitesurfern zu, die sich auf einem kompakten Surfbrett von einem Drachen mit in die Höhe nehmen lassen. Wow, meinen größten Respekt – ihre Sprünge waren wirklich beeindruckend – und ebenso die Kraft, die sie dabei aufwenden müssen. Das konnte ich jetzt erst so richtig ermessen, nachdem ich die Energie des Windes ganz unmittelbar gespürt hatte.

So, nun aber weiter mit unserem Ankunftstag auf Maui.

Nachmittags unternahmen wir einen Ausflug rund um die Nordinsel. Maui entstand durch zwei Vulkane, deren Lavamassen zusammenwuchsen und dadurch eine zusammenhängende Insel bildeten. Auf der Landkarte kann man die beiden Teile noch ganz genau erkennen. Alle hawaiianischen Inseln sind ja vulkanischen Ursprungs. Die große Insel »Big Island« ist zuletzt lange Zeit das Zentrum des unter der Erdkruste liegenden Hotspots gewesen. Der Kilauea-Vulkan auf Big Island ist seit Anfang der achtziger Jahre durchgehend aktiv. Wobei nun auch unterseeisch südlich von Big Island eine neue Insel entsteht, genannt Loihi (die Kleine), die allerdings die Meeresoberfläche noch lange nicht durchstoßen hat. Dorthin verlagert sich gerade der aktuelle Hotspot. Durch die tektonischen Bewegungen schiebt sich die pazifische Platte unter die japanische und die hawaiianischen Inseln driften nord-westwärts und damit weg vom aktuellen Hotspot. Je weiter weg, desto weniger vulkanische Aktivität ist gegeben und desto älter sind die Inseln. Der südlichere der beiden Vulkane von Maui, der Haleakala, ruht daher; der nördliche gilt sogar bereits als erloschen. Auf Kaua'i, der noch älteren und noch nördlicher gelegenen Insel, sind die Vulkane demzufolge ebenfalls erloschen und hier hat die Erosion die Kraterwände schon zu scharfen Klippen geformt und mit einer üppigen Vegetation überzogen. Kaua'i wird daher auch die »Garteninsel« genannt. Aber zurück nach Maui ...

Nordinsel-Rundfahrt

Die Rundfahrt um die Nordinsel von Maui bot eine willkommene Abwechslung zum geschäftigen Großstadtgewusel in Honolulu. Hier ging es richtig ruhig zu, die Küstenstraße war teilweise ziemlich eng und hatte etliche Haarnadelkurven. Manchmal war sie auch nur einspurig und zwei Pkws passten nicht aneinander vorbei, bei Gegenverkehr musste einer bis zur nächsten Ausweichbucht zurückstoßen. Außerdem war der Asphalt nicht der beste, die Straße bestand eher aus einer Art Patchwork, so viele Löcher waren nach und nach geflickt worden. Ein ganzes Stück des Weges war auch gar nicht geteert. Aber für uns engere Straßen gewohnte Europäer stellte das alles kein Problem dar, und um mit Uwe zu sprechen, war es ein »Piece of cake«, sein Ausdruck für »das kriegen wir doch locker« …

Nachdem wir die sonnenverwöhnte Westseite hinter uns gelassen hatte, zeigte sich die Landschaft üppig grün, die Steilküste sehr fotogen. Das tiefblaue Meer toste und die mit weißen Gischtkronen besetzten Wellen schäumten gegen die dunklen Klippen. Der Wind wirbelte Gischtschleier durch die Luft und auf sattgrünen Grasflächen stehende Palmen bogen sich in der steifen Brise. Die Ausblicke von der Küstenstraße aus waren einfach wunderbar und vermittelten eine friedliche und beschauliche Atmosphäre. Und obwohl ein wirklich starker Wind wehte und die Brandung große Brecher an die Küste rollen ließ, hatte ich das Gefühl, dass selbst die Geräusche des Windes und der Wellen nur gedämpft bei mir ankamen und sich der kontemplativen Stimmung angepasst hatten. Jedenfalls waren das ein wundervolles Willkommen auf Maui und ein perfekter Ausklang für diesen ersten Tag.

Zur Vorbereitung auf unseren Urlaub hatte ich mir einen Reiseführer für Maui in Englisch bestellt, eigentlich eher, um mal wieder etwas in dieser Sprache zu lesen, ein bisschen in Übung zu bleiben und in Urlaubsvorfreude zu schwelgen. Ich hatte mir gar nicht viel davon versprochen, war aber letztlich so begeistert, dass ich mir auch die Bände für Big Island und Kauai nachbestellte.

Sie heißen »Maui Revealed: The Ultimate Guidebook by Andrew Doughty«, »Hawaii the Big Island Revealed: The Ultimate Guidebook« und »The Ultimate Kauai Guidebook: Kauai Revealed«, ebenfalls von Andrew Doughty, erschienen bei Wizard Publications und seien hier gerne empfohlen. Der Autor lebt selbst auf den Inseln und schreibt einen Teil des Reiseführers fast in Romanform. Das las sich für mich total kurzweilig und spannend und ich konnte gar nicht aufhören. Den ersten Band habe ich fast in einem Rutsch verschlungen. Jedenfalls sind darin nicht nur die großen, allgemein bekannten Touristenattraktionen beschrieben, sondern auch jede Menge lohnenswerte Abstecher zu Sehenswürdigkeiten abseits der Hauptrouten.

Was uns ebenfalls sehr nützlich war: Alle Strände sind exakt beschrieben, u.a. mit Eignung für Surfen, Schwimmen, Schnorcheln, Boogie-Boarden, inklusive evtl. Gefahren wie besondere Strömungen. Dazu jede Menge Details zur Ausstattung wie Toiletten, Picknicktische, etc. und ausführliche Anfahrtsbeschreibungen. So konnten wir immer ohne Probleme zu unserem ausgewählten Traumstrand finden. Ich bewegte mich eigentlich auf Hawai'i kaum aus der Wohnung, ohne den Reiseführer einstecken zu haben.

Später entdeckten wir zusammen mit Lore und Friedel weitere Sehenswürdigkeiten der Nordinsel, auf die wir im Reiseführer gestoßen waren. Als ersten Stopp hatten wir uns eine Felsformation an der Küste ausgesucht, die sich »Dragonteeth« nannte. Und tatsächlich wirkten die Klippen hier wie riesenhafte Drachenzähne, wenn man sie aus dem richtigen Winkel betrachtete. Sie befanden sich in der Spritzwasserzone, das heißt, das Gestein dahinter war ständig den Wellen und der Gischt ausgesetzt und trug den bezeichnenden Namen »Acid War Zone«. Man brauchte nicht viel Vorstellungskraft, um sich auszumalen, dass hier ein Säureangriff stattgefunden haben könnte. Durch den permanenten Beschuss mit Salzwasser sah der Fels schon arg zerfressen und zerklüftet aus.

Danach fuhren wir weiter zum Nakalele-Blowhole. Blowhole

bedeutet: Es befindet sich ein Durchlass in den Lavafelsen an der Küste, durch den die Brandung und die Gischt mit einer solchen Wucht nach oben gedrückt werden, dass das Wasser wie bei einem Geysir herausschießt. Dabei ist Vorsicht geboten: Betrachten ja, aber besser nicht aus zu großer Nähe. Das Wasser kann einen sonst von den Beinen holen und durch das Loch mit hinausspülen.

Wir parkten in einer schmalen Parkbucht an der Straße und wanderten den Abhang hinunter zu den Klippen. Interessanterweise waren wir die Einzigen, die diesen Weg gewählt hatten, erst beim Wiederaufstieg kamen uns zwei Leute entgegen. Insofern hatten wir die schöne Szenerie, die uns nach der kleinen Wanderung von vielleicht 15–20 Minuten erwartete, ganz für uns alleine. Am Anfang zeigte sich das Blowhole noch ziemlich zahm, aber je länger wir es beobachteten, desto größer wurden die Gischtmengen, die nach oben gepresst wurden. Zum Schluss wurden wir auch schon mal ordentlich geduscht. Außerdem gab's Krabben, Muscheltiere und wieder tolle Felsformationen zu bewundern. Also insgesamt ein voller Erfolg.

Was man vom nächsten Stopp nicht gerade behaupten kann. Wir hatten uns eine romantische Bademöglichkeit mit dem wohlklingenden Namen »Olivine Pools« ausgesucht. Einen Pool aus Lavagestein, der nur durch einen kleinen Kanal mit dem offenen Meer verbunden ist und in dem man deshalb meist gefahrlos baden kann. Ich hatte mich schon den ganzen Vormittag darauf gefreut.

Wir fanden auch hier seitlich der Straße einen Parkplatz und machten uns erneut auf, von der Küstenstraße Richtung Meer zu klettern. Dabei kamen wir allerdings durch jemandes »Wohnzimmer«. Auf einem kleinen, abgeflachten und mit Gras bewachsenen Plateau oberhalb der Klippen hatte sich augenscheinlich jemand häuslich eingerichtet, war aber wohl gerade unterwegs. Mit verschlissenen Autositzen und verschiedenen angegammelten Accessoires sah es allerdings ziemlich schrullig und wenig reizvoll aus.

Auch der grünliche Pool machte von oben keinen sonderlich einladenden Eindruck auf uns. Zumal der Weg dorthin ebenfalls von so viel Unrat gesäumt war, dass uns die Lust auf Planschen verging. Also lautete der einstimmige Beschluss: Kehrt – marsch und Weiterfahrt!

Auf der Nordinsel gibt es einen ganz wunderbaren Strand mit Namen Napili Beach, der unbedingt noch erwähnt werden muss, denn er war so etwas wie die Verkörperung meiner Wunschträume! Ich hatte gelesen, dass Napili angeblich der perfekteste Strand auf Maui zum Bodysurfen und Boogie Boarden ist. Das wollten wir natürlich unbedingt ausprobieren!

Wie schön, dass auch Lore und Friedel immer spontan zu allen Schandtaten bereit, begeisterungsfähig und flexibel sind und genauso viel Spaß hatten wie wir – es war dort nämlich tatsächlich einsame Spitze!

Die Wellen brachen sich immer an der gleichen Stelle und man stellte sich einfach ins brusthohe Wasser, wartete ab, bis die Welle direkt hinter einem war, sprang dann bäuchlings nach vorne, breitete die Arme aus und verwandelte sich so in ein menschliches Surfboard. Nachdem wir das ein paar Mal geübt hatten, klappte das Bodysurfen schon mal wunderbar. Man wurde von der Welle getragen und ganz hoch mit auf den Strand genommen. Morgens waren die Wellen noch ziemlich pazifistisch, aber im Verlauf des Nachmittags wurden sie immer höher. Wenn man da nicht den richtigen Absprung erwischte, war das wie ein Vollwaschgang und mein Badeanzug hatte hinterher mindestens fünf Kilo Sand geladen, aber es war einfach herrlich.

Schade nur, dass wir am ersten Tag noch kein Boogie Board hatten, um auch das in den Wellen auszuprobieren. Da es aber auf Hawai'i an jeder Straßenecke Boards zu leihen gibt, besorgten wir uns kurzfristig welche und hatten sie fortan immer im Auto. An einem der nächsten Tage verschlug es uns spontan wieder nach Napili und wir machten unsere ersten Versuche auf dem Boogie Board. Das war sooooo schön!

Stellt euch ein in der Mitte quer durchgesägtes Surfbrett vor, auf das man sich mit Brust und Bauch legt und es durch die Wellen steuert. Manchmal klappt das auch tatsächlich ... Wir tobten uns so richtig aus, schluckten zwar jede Menge Wasser, hatten dabei aber unbeschreiblich viel Spaß! Ich fühlte mich zurückversetzt in meine Kindheitstage voll ausgelassener Lebensfreude und Leichtigkeit.

Es gefiel uns dort so gut, dass wir ein paar Jahre später mit Flo erneut nach Napili fuhren und die Boards auspackten. Nachdem wir erst eine Weile zu dritt in den Wellen herumgetobt hatten, schnappte sich Reiner Florians Videokamera und filmte uns ausgiebig, während wir beide unermüdlich neue Versuche starteten, den längsten Ritt hinzulegen. Aber was soll ich sagen, der Mitschnitt fällt echt in die Rubrik: Pleiten, Pech und Pannen. Denn ausgerechnet, als mich eine Welle ganz hoch mit auf den Strand genommen hatte, stolperte ich beim Aufstehen über das Band, mit dem das Board am Handgelenk befestigt ist, damit es sich bei einem Sturz nicht komplett selbstständig macht, fiel wieder in den Sand, die nächste Monsterwelle überrollte mich und schleuderte mich mitsamt dem Board wild durch die Gegend. Allerdings blieb auch Reiner von der Gewalt des Wassers nicht verschont – und auch das ist auf dem Film verewigt. Er wollte später nämlich ganz sportlich ins Wasser laufen und elegant per Kopfsprung in die Wellen eintauchen. Allerdings hatte er sich verkalkuliert, die nächste große Welle war viel schneller da, als berechnet, und gerade als er hineinspringen wollte, klatschte sie ihm mit voller Wucht gegen die Brust und presste ihm schmerzhaft die Luft aus den Lungen. Es war richtig bitter zu beobachten, aber wahrscheinlich nur halb so übel, wie es selbst erlebt zu haben. Hustend und nach Luft ringend kam er zurück und brauchte eine ganze Weile, um wieder zu Atem zu kommen.

Jedenfalls hatten wir an Napili Beach so viel Blut geleckt, dass wir das Boogie Boarden immer wieder an verschiedenen Stellen ausprobierten, bis wir auf Kaua'i am Kealia-Beach landeten und ich dort den ultimativen Ritt hatte. Aber dazu später.

Unterwegs auf der Road to Hana

Der folgende Tag stand ganz im Zeichen der »Road to Hana«. Bei einem unserer späteren Aufenthalte auf Hawai'i sahen wir einige Leute, die ein T-Shirt mit der Aufschrift »I survived the road to Hana« trugen. Also frei übersetzt: »Ich habe die Fahrt auf der Straße nach Hana überstanden.« Hätte ich diese Shirts schon vor unserem Ausflug gesehen, hätte ich mir nicht vorstellen können, was an einer Fahrt über eine Küstenstraße so schwierig sein soll. Gut, dass ich nicht wusste, was auf uns zukommt.

Die »Road to Hana« ist ein scheinbar endloses Stück Küstenstraße, das sich durch unzählige Haarnadelkurven (der Reiseführer sagt: »über 600«) und über mehr als 50 einspurige Brücken windet. Ich habe weder die Kurven noch die Brücken gezählt, aber gefühlt sind es noch viel mehr! Sie führt durch richtigen Regenwald, üppig und grün, vorbei an jeder Menge Wasserfälle und wird als die »Traumstraße ins Paradies« angepriesen. Leider regnete es während der kompletten Hinfahrt, aber was soll ich sagen: Der Regenwald muss ja von irgendwas kommen, oder? Auch die Hawaiianer nehmen's gelassen und haben folgendes Sprichwort: »No rain, no rainbows« – kein Regen – keine Regenbögen, oder auch »Rain is liquid sunshine«, Regen ist flüssiger Sonnenschein. Diese Betrachtungsweise hat natürlich auch philosophisch etwas für sich ... Auf alle Fälle wussten wir nun, weswegen Maui auch die Insel der Regenbögen genannt wird. Und tatsächlich, so viele Regenbögen wie auf Maui haben wir auf keiner der anderen hawaiianischen Inseln erlebt, die wir besucht haben. Es verging wirklich kein Tag ohne dieses wunderbare Vergnügen.

Hawai'i hat keine ausgeprägten Jahreszeiten. Es ist im Winter in der Regel um die 25/26 Grad warm, im Sommer zwei, drei Grad wärmer. Der Unterschied zwischen den Jahreszeiten ist eher die Niederschlagsmenge (und natürlich wichtig für alle Surfer: die Höhe der Brandung). Im Winter fällt deutlich mehr Regen als im Sommer. Jetzt, gegen Ende des Winters, quollen die Flüsse und Bäche, die im Regenwald zu Tal stürzten, vor Wassermassen nur so über und waren überaus beeindruckend. Im Sommer kann es vorkommen, dass man nur dünne Rinnsale sieht. Aber auch das hat ein ganz eigenes Flair – insofern besitzt jede Jahreszeit ihre Reize.

So, nun muss ich kurz ein bisschen abschweifen und noch vor dem Wai'anapanapa-State-Park einen kleinen Abstecher vom direkten Weg machen. Ich hatte nämlich die Beschreibung eines Abzweiges von der Road to Hana Richtung Küste nach Nahiku gefunden, der mich fasziniert hatte. Nahiku ist eine kleine Ortschaft unterhalb der Straße.

Der Weg dorthin war steil, kurvig und meist nur einspurig. Entlang der Fahrbahn gab es eine so dichte Vegetation mit unglaublich vielen Pflanzen in jeder erdenklichen Grünschattierung, tollen Blumen und Blüten, dass man das Gefühl hatte, man sei am paradiesischen Ende der Welt angekommen. Jedes freie Fleckchen war überwuchert, die Bäume und Pflanzen selbst oft Heimstatt für weitere Gewächse. Von vielen Bäumen hingen lianenähnliche Pflanzenfasern herunter, man wunderte sich, wie die Straße hier Bestand haben konnte, ohne auch überwuchert zu werden. Das Sonnenlicht bahnte sich nur mühsam seinen Weg durch die dichte Vegetation, sodass wir ein geheimnisvolles Dämmerlicht erlebten, durch dass immer wieder vereinzelte Sonnenstrahlen wie Lichtsäulen auf die Erde zu schweben schienen.

Reiner chauffierte uns sicher durch dieses magische grüne Wunderland zur Küste, dort belohnten uns eine weitere tolle Aussicht auf das Meer und ein kleiner Pool, in den ein Fluss mündete. Ein wildromantisches Plätzchen, das wir allerdings nicht längere Zeit genießen konnten, da ein tropischer Regenguss einsetzte und uns vertrieb. Zurück auf der Road to Hana stießen wir kurze Zeit später auf einen Straßenstand, der Bananenbrot verkaufte. Sofort erscholl ein vielstimmiges »Kutscher Halt!« und Reiner stoppte. Für kulinarische Genüsse muss immer Zeit sein. Zusammen mit einem eisgekühlten Cappuccino war das Bananenbrot genau das, was uns neue Energie für die nächste Etappe verschaffte. Außerdem muss man ja alle Genüsse mitnehmen, die die Inselwelt zu bieten hat, nicht nur die fürs Auge und Gemüt, sondern auch die für das leibliche Wohl.

So gestärkt ging's weiter Richtung Hana. Der nächste Abstecher von der Hauptstraße wurde eine Ecke heftiger. Ich wollte mir gerne das »Blue Pool« anschauen bzw. dort baden gehen. Dazu mussten wir wieder auf eine Seitenstraße einbiegen, die anfangs geteert war, dann aber in eine Schotterpiste überging. Diese dirt road sollte auch für Fahrzeuge ohne Allradantrieb wie unseren Van machbar sein, vorausgesetzt, es regnet nicht. Dann nämlich verwandelt sich die Fahrbahn in eine schlüpfrige und rutschige Angelegenheit.

Wir starteten also guten Mutes bei trockenem Wetter. Trotzdem begann schon kurz nach dem Abzweig ein mittleres Abenteuer, denn die Straße wurde immer holpriger. Teilweise mussten wir auch Senken mit kleinen Bachläufen durchqueren. Reiner meisterte die Sache mit unserem Van völlig ungerührt, er hat in solchen Sachen echt die Ruhe weg. Ich jedoch war schon ein wenig angespannt, oder, wie er es wohl ausdrücken würde, leicht hysterisch und klammerte mich am Türgriff fest. Alleine wäre ich schon längst umgedreht.

Am Ende der Straße angekommen, ergatterten wir den allerletzten Parkplatz, halb im Gestrüpp (alle anderen Fahrzeuge, die wir dort antrafen, waren bezeichnenderweise Jeeps ...). Unsere Badeklamotten ließen wir noch im Auto, wir wollten erst mal die Lage peilen.

Zusammen mit ein paar Jugendlichen krabbelten wir durch einen steinigen Flusslauf, kletterten ein kleines Stück an der Küste entlang und standen schließlich vor dem Blue Pool.

Was sich unseren Augen nun darbot, hatte einen Romantikfaktor von glatt 100: Ein fast kreisrunder Süßwasserpool am Fuße einer tiefschwarzen Felswand, gespeist von einem märchenhaften filigranen Wasserfall, von dem zarte Dunstschleier zu uns herüberwehten. Gegenüber der Felswand direkt der Ozean mit seinen schaumgekrönten Wellen: also Baden mit Meerblick im Paradies! Eine echte Filmkulisse und herrlich idyllisch, wäre da nicht, tja, wäre da nicht – der Regen gewesen! Just in dem Moment, als wir dieses Kleinod der Natur erreichten, öffnete der Himmel erneut seine Schleusen und es ging wieder einmal ein tropischer Regenguss hernieder, der uns in Sekundenschnelle bis auf die Haut durchnässte. Der Romantikfaktor sackte innerhalb von Sekunden in den Keller, ebenso die Motivation, im strömenden Regen unsere Badesachen zu holen, und so stiefelten wir enttäuscht zum Auto zurück. Schade, noch nicht mal Fotos hatten wir schießen können – bei dem Wetter absolut undenkbar.

Am Auto angekommen, trockneten wir uns notdürftig ab und versuchten, so schnell wie möglich Land zu gewinnen und wieder auf die Asphaltstraße zu gelangen.

Nach dem Regenguss war die Straße für meine Begriffe wirklich grenzwertig. Das Wasser in den Senken spritzte in hohem Bogen, während wir mit viel Schwung hindurchfuhren und ich hielt mich krampfhaft am Türgriff fest. Reiner blieb natürlich unerschütterlich und verstand meine Aufregung nicht ... Jetzt stellt sich die Frage: Bin ich denn so zartbesaitet oder ist Reiner einfach cool? Gute Frage, Lore und Friedel jedenfalls fanden's schon auch spannend, also war ich in guter Gesellschaft ...

Kurz vor Hana erreichten wir den Wai'anapanapa-State-Park. Mittlerweile waren fünf von sechs Insassen, also alle außer dem Fahrer, genauso grün im Gesicht wie die uns umgebende Landschaft. Das ständige Bremsen und Beschleunigen auf der kurvigen Strecke bzw. bei Gegenverkehr an den einspurigen Brücken gab uns fast den Rest. Der Magen spielte verrückt. Insofern kann ich jetzt nachvollziehen, was mit »I survived the road to Hana« gemeint ist. Wir freuten uns daher ungemein über unsere Pause im State-Park, da konnte sich unser Magen etwas erholen. Mittlerweile hatte auch der Regen nachgelassen, sodass wir draußen rumspazieren und frische Luft schnappen konnten.

Im Wai'anapanapa State Park war der vulkanische Ursprung von Hawai'i deutlich erkennbar. Die vor Urzeiten ins Meer geflossene Lava hat sich zu bizarren Strukturen verfestigt, an denen nun der Zahn der Zeit nagt – und nicht zu vergessen das Meer mit mächtiger Brandung. Die Lavafelsen werden Stück für Stück zu Sand zermahlen und bilden die Grundlage für den eindrucksvollen schwarzen Sandstrand.

So entstand wohl auch der spektakuläre große Bogen aus Lavagestein, der ein ganzes Stück ins Meer hineinragt. Der Unterbau bis auf die beiden äußeren Säulen ist schon komplett von Wellen, Wind und Wetter abgetragen worden, sodass er jetzt wie ein riesiges schwarzes Tor den Strand bewacht.

Unermüdlich donnern die gewaltigen gischtbesetzten Wellen auch gegen diese Säulen, sodass es wohl nur eine Frage der Zeit ist, bis auch sie und mit ihnen der Bogen Geschichte sind – allerdings bestimmt nicht mehr zu unseren Lebzeiten …

An Baden war natürlich nicht zu denken, schon allein der Gedanke, sich bei solchen Brechern ins Wasser zu wagen, verursachte mir hochgradig Gänsehaut. Aber ein kurzer Spaziergang über den schwarzen Sandstrand war doch beeindruckend und weckte bei mir das irritierende Gefühl, dass der schwarze Sand irgendwie auf meine nackten Füße abfärben müsse. Schon seltsam, welche Gedanken einem manchmal kommen.

Anschließend kletterten wir über einen Teil der Lavafelsen und schauten uns auch hier das beeindruckende Schauspiel eines Blowholes an. Rückwirkend betrachtet, fand ich dieses sogar noch spektakulärer als das in Nakalele, aber das kann natürlich auch an den Bedingungen an diesem Tag gelegen haben. Jedenfalls kündigte sich jede neue Gischtfontäne durch ein tiefes Brummen und Vibrieren an, als würde ein wildes Tier in der Unterwelt erwachen. Ein bisschen Gänsehaut hatte ich dabei schon.

Nachdem sich unser Magen nun wieder beruhigt hatte, konnten wir unsere vorbereiteten Sandwiches auspacken und einen Snack zu uns zu nehmen. Dazu saßen wir ganz entspannt auf einigen Lavabrocken und beobachteten die Mungos, die die Abfalltonnen inspizierten und nach Fressbarem durchsuchten.

Das sind schon elegante, geschmeidige und possierliche Tiere und auch wunderschön zu beobachten; man vergisst dabei allerdings leicht, dass sie effektive Raubtiere und eigentlich eine ökologische Katastrophe für Hawai'i sind. Eingeführt, um die Rattenplage zu bekämpfen, die durch die von den Schiffen der westlichen Seefahrer an Land gekommenen Nager entstanden war. Allerdings war das wohl wenig durchdacht, denn Mungos sind tagaktiv – wie wir deutlich feststellen konnten – und Ratten laufen ja bekanntlich erst nachts zur Höchstform auf. Diese beiden Spezies werden sich also nur höchst selten über den Weg laufen.

Die Mungos ernähren sich besonders gerne von den Gelegen der einheimischen Vogelwelt, die wegen des Fehlens natürlicher Fressfeinde überwiegend Bodenbrüter sind. Einigen Vogelarten haben sie schon so hohe Verluste beigebracht, dass deren Fortbestand gefährdet ist. Das durch die extrem abgeschiedene Lage der Inselgruppe besonders fragile ökologische Gleichgewicht ist dadurch empfindlich gestört worden. Leider gibt's dazu ja auch außerhalb von Hawai'i zahllose Beispiele.

Ausgehend vom Namen des Parks »Wai'anapanapa« vielleicht noch ein kurzes Wort zur hawaiianischen Sprache. Sie kennt neben den fünf Vokalen nur sieben Konsonanten (h, k, l, m, n, p und w), so kommen solche langen Wortschöpfungen zustande. Wai'anapanapa bedeutet: »glistening fresh water«, also in etwa funkelndes, sprudelndes Süßwasser, nach dem Süßwasserfluss und den Pools in der Nähe. Wobei die schwarzen Lavaformationen und der schwarze Strand mich viel mehr fasziniert haben und mir viel deutlicher im Gedächtnis geblieben sind.

Jedenfalls finde ich die hawaiianische Sprache sehr melodisch, allein sie vermittelt mir schon ein wunderbares Urlaubsgefühl. Sie hat eine Eigentümlichkeit, sogenannte Glottale, sie stehen für eine kurze Pause in der Aussprache. So ist *Hawai'i* die korrekte Schreibweise und vor dem letzten »i« wird ein kurzer Stopp eingelegt.

Auf Hawai'i begegnet man zuweilen noch einer weiteren sprachlichen Besonderheit, dem Pidginenglisch. Eine Kombination aus Englisch mit den Sprachen der Einwanderer, also vielfach auch asiatischen Begriffen mit einfacher Grammatik. Sehr interessant, aber gewöhnungsbedürftig. Vielleicht mal als Beispiel: »Brah« für »Brother«, also »Freund, Bruder« oder »Mo' betta« für »This is better« – Das ist besser …

Das Städtchen Hana, das wir als Nächstes erreichten, ist nicht groß und wir fanden es auf den ersten Blick nicht sonderlich attraktiv. Wahrscheinlich muss man etwas mehr Zeit dort verbringen, um den Charakter von Hana in sich aufzusaugen und seinen verschlafenen Charme genießen zu können. Dazu kamen wir allerdings beim ersten Mal nicht.

Wir fanden später mit Flo hier jedoch einen ganz besonderen Strand, Kaihalulu Beach. Selbst für hawaiianische Verhältnisse ist es dort »exotisch« und das will etwas heißen, denn auf Hawai'i gibt es ja nun wirklich Strände jeder Couleur. Apropos Couleur, der besser bekannte Name von Kaihalulu lautet »Red Sand Beach«, und der Strand ist wirklich außerordentlich.

Das Erlebnis »Red Sand Beach« muss man sich allerdings verdienen, denn der Weg dorthin ist ein bisschen umständlich und auch nicht ganz ungefährlich.

Der Küstenpfad führt direkt an den Klippen entlang, rechts geht's steil Richtung Meer, der Untergrund besteht aus kleinbröseliger roter Schlacke und gibt bei jedem Schritt nach. Man rutscht und schlittert dahin. Wenn es geregnet hat, ist der Pfad wahrscheinlich kaum zu begehen. Wir hatten allerdings Glück und gutes Wetter, was hier in der Hana-Region nicht selbstverständlich ist.

Kurz bevor man die Bucht mit dem Strand erreicht, geht es um eine Kurve und der Blick wird frei auf eine wahrhaft pittoreske Szenerie. Was uns auf dem Trail so zu schaffen machte, verleiht dem Strand selbst etwas Wunderbares. Von der Erosion zu Sand zermahlen bildet die rote Schlacke die Grundlage für ein imponierendes farbliches Gesamtkunstwerk. Es könnte locker als Motiv für ein impressionistisches Gemälde dienen.

Der wirklich intensiv dunkelrote Strand wird auf der hinteren Seite begrenzt und eingerahmt von einem steilen, gleichfarbigen Aschekegel, auf dem grüne Bäume wachsen und wie Farbtupfer

Red Sand Beach

wirken. Vorn geht er über in das leuchtende Blau des Meeres, das hier mit fast unwirklich anmutender Intensität strahlt.

Ein paar große zerklüftete, glänzend schwarze Lavabrocken schirmen einen Teil des Strandes vom offenen Meer ab und die Brandung donnert an ebendiese Steine. Die dabei entstehende weiße Gischt setzt diesem farbenfrohen Bild das Sahnehäubchen auf. Fotogener geht's nicht.

Wir hatten Glück und konnten in dem geschützten Bereich planschen und schwimmen. Das geht nicht immer, auch hier gibt's wohl gerne mal den Vollwaschgang gratis. Dann bleiben statt Abkühlung und Schwimmen nur das Genießen der Landschaft und das Fotografieren, bis der Auslöser glüht. Aber allein das wäre uns den Weg dorthin wert gewesen.

Als Nächstes stoppten wir in Hamoa Beach. Auch mit Flo hatten wir immer unsere Boogie Boards im Auto und waren für alle Eventualitäten gerüstet. Hamoa Beach ist ein Salt & Pepper Strand, besteht also aus weißem und schwarzem Sand und ist sehr schön gelegen. Eigentlich hatten wir gelesen, man könne dort wunderbar Bodysurfen. Als wir den Strand besuchten, waren allerdings nicht die passenden Bedingungen, das Meer war zu zahm, das Bodysurfen und auch das Boogie Boarden klappten nicht so richtig. Tja, man kann nicht alles haben und Red Sand Beach hatte ja heute schon mit besten Bedingungen aufgewartet. Allerdings war Hamoa trotzdem ein schöner Stopp und toll zum einfach nur Relaxen.

Am späteren Nachmittag gab's hinter Hana nochmals einen großen Happen exotischer, fast surreal anmutender Landschaft, genannt »Venus-Pool«. Idylle pur, je nach Wunsch auch gewürzt mit einer Prise Abenteuer ... Nach einem ungefähr viertelstündigen Fußmarsch von der Straße Richtung Küste erreichten wir einen Lava Pool, direkt am Meer gelegen. Es fällt mir schwer, die Eindrücke zu beschreiben, denn etwas Vergleichbares hatte ich vorher noch nie zu Gesicht bekommen. Der Pool wird aus einer Quelle gespeist, ist also überwiegend Süßwasser, nur bei hoher Brandung gelangen immer mal ein paar Spritzer Salzwasser hinein und lassen es dann leicht brackig werden. Es wird von großen Lavablöcken gegen das Meer abgeschirmt, auf denen einzelne Hala-Bäume (Pandanus) wachsen, die mit ihren bizarren Luftwurzeln dem Ganzen wirklich ein surreales Aussehen verleihen. Ganz speziell, wenn man den Pool zu Sonnenaufgang oder am späten Nachmittag besucht.

Wir fanden es allein landschaftlich schon sehr reizvoll. Was aber Reiner und Flo noch weit mehr reizte, war die Möglichkeit, von den umliegenden Felsblöcken in den Pool zu springen. Es waren auch einige einheimische Jugendliche da, die mit viel Spaß und Gejauchze genau das taten. Dazu kletterten sie auf Felsblöcke unterschiedlicher Höhe. Die höchsten Felsen waren bestimmt an die zehn Meter hoch.

Jetzt muss ich mich wieder outen: Ich sehe mir das Ganze ja wirklich gerne an, aber ohne genau zu wissen, wie tief der Pool ist und von wo aus man gefahrlos springen kann, war das für mich ein absolutes No go. Flo und Reiner fanden das allerdings nicht und so saßen wir eine ganze Weile auf einem erhöhten Felsen und beobachteten die Jungs und Mädels. Die beiden wollten herausbekommen, von wo aus man es denn auch wagen könne.

Aber was soll ich sagen, ich war eine richtige Spaßbremse. Ich hatte so große Bedenken, dass ich die beiden nicht springen lassen wollte und nachdem ich lange genug lamentiert hatte, beugten sie sich widerwillig meinen Einwänden. Allerdings merkte man schon, wie schwer es ihnen fiel, hier Vernunft walten zu lassen.

So viel zu unseren Abstechern, zurück zur Hauptstrecke:

Unser nächstes Ziel war der Waimoku-Wasserfall. Dazu ging's auf der Küstenstraße noch ein ganzes Stück weiter, bis wir den Parkplatz an der O'heo Gulch erreichten.

Um zum Wasserfall zu gelangen, war erst mal eine Runde wandern angesagt. Juchu, nach der Zeit im Auto waren wir alle froh, unsere Gräten mal wieder ordentlich strecken zu können. Zum Waimoku-Wasserfall ging's über den Pipiwai-Trail, einen Wanderweg mit teils schlammigen Passagen, über Stock und Stein, wir überquerten Brücken, durchwateten kleine Bäche und das letzte Stück des Weges führte uns durch einen ausgedehnten Bambuswald.

Es war faszinierend zu erleben, wie hoch Bambus wächst, welch verwunschenes Dämmerlicht darunter herrscht und welches Geräusch der Wind im Blätterdach verursacht. Es hörte sich an wie in unregelmäßiges An- und Abschwellen in verschiedenen Tonlagen, manchmal klang es eher wie ein Sirren, ein Rascheln, manchmal fast metallisch, ab und zu wie ein leises Säuseln. Ich glaube, wenn ich ganz alleine dort gewesen wäre und mich irgendwo am Rande des Pfades ganz ruhig auf einen Stein gesetzt hätte, wäre die Erfahrung mit dem Wind noch intensiver gewesen – doch sie ging so schon unter die Haut.

Auf Maui gibt's ja immer jede Menge Wind. Er ist hier tatsächlich allgegenwärtig – drinnen wie draußen. Selbst in unserem Motel pfiff er immer durch sämtliche Ritzen – und davon gab's wirklich viele. Wenn ich jetzt so darüber nachdenke, hatte er aber ganz verschiedene Qualitäten, je nachdem, ob man ihn direkt am Meer oder zwischen irgendwelchen Gebäuden erlebte, als Gischt aufpeitschende Böen am Wasser, als Gegenwind beim Wandern oder im verwunschenen Bambuswald.

Reiner hatte eher praktische Erfahrungen mit dem »Werkstoff« Bambus. Ein Bambusstück war abgeknickt und ragte halb in den Weg hinein. Er versuchte, es ganz abzubrechen, um es zur Seite zu legen. Dabei machte er die Erfahrung, wie elastisch und vor allem wie widerstandsfähig dieses Gewächs ist. Trotz seiner Kraft dauerte es eine ganze Weile, bis er es geschafft hatte. Wir anderen standen staunend dabei, ebenfalls überrascht über die Festigkeit von Bambus. Aber eigentlich logisch, in anderen Kulturen wird es ja sogar als Baumaterial genutzt. Alles klar, das haben wir jetzt auch in der Praxis gelernt.

Der Waimoku-Wasserfall selbst war dann auch sehr beeindruckend. Durch die vielen Regenfälle der vergangenen Tage und Wochen schoss das Wasser mit immenser Wucht über die Bergkante und stürzte 120 Meter tief zu Tal. Da das Wetter trotz der Feuchtigkeit warm und ich von der Wanderung noch erhitzt war, hatte ich die Idee, man könne sich ja im Pool am Fuße des Wasserfalls etwas abkühlen. Allerdings gab Uwe zu bedenken, dass mitunter auch Steine, Äste oder andere harte Sachen vom Wasser mit heruntergetragen werden. Mir auszumalen, welche fatale Wirkung das aus dieser Höhe haben würde, reichte, um mir den Gedanken ganz schnell aus dem Kopf zu schlagen. Gut, dass manchmal jemand meinen spontanen Ideen Einhalt gebietet und für mich mitdenkt. Aber auch irgendwie schade, dass plötzlich all die romantischen Vorstellungen und Bilder in meinem Kopf vom Bad unter dem Wasserfall erneut ein jähes Ende fanden. Wobei dieser spezielle Wasserfall mit seinen Wassermassen und seiner großen Fallhöhe natürlich nicht gerade für »Romantik pur« stand, das muss ich jetzt zugeben. Eher schon für schiere, ungezügelte Kraft. Dagegen reicht für Romantik schon ein Mini-Exemplar mit ein bisschen tröpfelndem Wasser oder einem leichten Schleier aus Feuchtigkeit … Aber lassen wir mal die Bilder in meinem Kopf …

Nach zwei Stunden herrlicher Wanderung kehrten wir zurück zum Auto und wandten uns auf der gegenüberliegenden Straßenseite den natürlichen Felsenpools der O'heo-Gulch zu, auch als die »Seven-Sacred-Pools« bezeichnet, obwohl es sich dabei wohl nicht um heilige Stätten handelt. Außerdem sind es nicht nur sieben Wasserbecken, die vom Fluss direkt vor der Küste aus den Felsen gewaschen worden sind.

Eingerahmt von den großen dunklen, mit üppigem Grün bewachsenen Felsblöcken der Schlucht gibt es hier jede Menge kleiner Wasserfälle und verschiedene Pools zu bewundern. Wir hatten gelesen, man könne abhängig vom Wasserstand in der Sommerzeit dort baden und vielleicht sogar von Pool zu Pool rutschen.

Unmöglich, während wir dort waren. Schon die Treppe hinunter in die Schlucht war zur Hälfte überschwemmt. Das Wasser toste und tobte hier auf seinem Weg in den Ozean. Ein Sprung in dieses kühle Nass wäre einem Selbstmord gleichgekommen.

Je nach Tages-, Jahreszeit, Wasserstand und Lichtverhältnissen – und wahrscheinlich auch nach Stimmungslage und Besucherandrang – kann man diesen Ort höchst unterschiedlich erleben. Als Platz spielerischer Unbekümmertheit, als lichtdurchflutete Idylle, als kraftvollen, beklemmenden oder gar düsteren Ort ... Spektakulär ist er auf jeden Fall. Für mich war er an diesem Tag mit den schon längeren Schatten am beginnenden Abend und unter dem Eindruck der elementaren, ja fast gewaltsam brodelnden Energie des schäumenden Wassers eher von eindringlich düsterer, Gänsehaut erzeugender Intensität.

Die Macht der Natur war es auch, die uns später dazu zwang, den gleichen Weg wieder zurückzufahren, den wir gekommen waren. Normalerweise kann man die Südinsel auch umrunden, obwohl ein Teil der Straße nicht geteert ist. Allerdings war wegen eines Erdrutsches kein Durchkommen, wie wir am Visitor-Center erfuhren. Die Ausbesserungs- und Räumungsarbeiten sollten erst in den nächsten Tagen beendet sein.

Also zurück im Dunkeln über die kurvenreiche Road to Hana. Ein Albtraum. Zudem ich während des Tages höllische Halsschmerzen bekommen hatte. Ich nehme an, die Klimaanlage im

Flugzeug war mir nicht bekommen. Jedenfalls hatte ich immerhin das Privileg, auf der Rückfahrt vorne neben dem Fahrer sitzen zu dürfen. Das war zumindest der magenfreundlichste Platz. Es war mittlerweile dunkel geworden, ich nickte immer mal wieder ein, wurde aber plötzlich durch einen heftigen Knall geweckt: Eine Eule war gegen die Windschutzscheibe geflogen. Meine Pulsfrequenz lag bestimmt bei 200. Der Einschlag hatte sich angehört, als sei eine Gewehrkugel auf unser Auto aufgetroffen. Entsetzlich! Jedenfalls war die Rückfahrt ein Höllenritt und wollte kein Ende nehmen. Keine Ahnung, wie ich das überlebt habe.

In Pa'ia angekommen war ich fertig mit der Welt und den anderen ging es nicht viel besser. Wir machten dort Station, um zu Abend zu essen und landeten in einer urigen Fischkneipe mit Selbstbedienung. Pa'ia ist eine richtige Surferstadt, hier wird das Motto »Hang Loose«, das alle hawaiianischen Inseln prägt, besonders groß geschrieben. Insofern war es ein buntes Völkchen, das sich mit uns den Tisch teilte, wir hatten jede Menge Spaß – und das Essen war einsame Spitze. Der Mahimahi (eine Art Goldmakrele und eine Spezialität der Inseln) war superlecker. Danach waren unsere Lebensgeister zumindest wieder so weit erwacht, dass wir den restlichen Heimweg zu unserem Hotel schafften.

Als wir nach unserer Rückkehr zu Hause von dieser urigen Fischkneipe erzählten, bekamen wir von Bekannten, die dort ebenfalls schon eingekehrt waren, eine witzige Anekdote erzählt. Man bestellte dort an der Theke, hinterließ seinen Namen und wurde aufgerufen, wenn das Gericht fertig war. Da die beiden nicht ihre für amerikanische Zungen ziemlich schwierigen und langen deutschen Doppelnamen hinterlassen wollten, gaben sie kurzerhand »Smith & Wesson« an – wie der amerikanische Waffenhersteller – und wurden dann natürlich auch so aufgerufen, während das ganze Lokal sich vor Lachen bog.

Mit Lore und Friedel und später auch mit Florian hatten wir dann doch noch die Gelegenheit, den Straßenabschnitt westlich der O'heo Gulch zu erkunden. Die Landschaft wurde fast direkt hinter den Pools trockener, weil wir uns der windabgewandten

Inselseite näherten und man konnte seitlich der Straße verschiedene ältere Lavaströme erkennen. Dazwischen gab es immer wieder tiefe Einschnitte und Schluchten, die zum Haleakala-Vulkan in der Mitte der Insel führten. Eine wirklich tolle Landschaft. Später führte die Straße auch uns von der Küste weg in höhere Lagen – und zu einer Weinkellerei. Dort wurde unter anderem Ananaswein angeboten, den wir natürlich sofort verkosten mussten, bevor es im Anschluss daran wieder leckeres Abendessen in Pa'ia gab.

Haleakala – Wandern durch den Vulkankrater

Wenn man jetzt denkt, nach dieser Anstrengung würde der nächste Tag etwas Entspannung und Erholung bieten – weit gefehlt. Die Nacht war schon um 3.30 Uhr zu Ende. Wir hatten geplant, den Sonnenaufgang auf dem Haleakala-Vulkan zu erleben. Und ganz ehrlich: Für den Tag auf dem Vulkan wäre ich auch noch früher aufgestanden. Es wurde ein unglaubliches und unvergessliches Erlebnis.

Der Haleakala ist ein Schildvulkan, wie alle hawaiianischen Vulkane. Sein Umfang beträgt ca. 34 Kilometer und er umfasst etwa 75 % der Fläche Mauis. Der letzte Ausbruch wird auf 1790 datiert; er gilt als ruhend. Der Aussichtspunkt über den Krater liegt auf ca. 2969 Metern. So viel zu den harten Fakten. Und jetzt zu unseren ganz persönlichen und spektakulären Erlebnissen.

Auf dem Weg zum Gipfel fuhren wir noch in der Dunkelheit durch eine Wolkenschicht mit Nieselregen – befanden uns also schon auf der Fahrt »über den Wolken«. Sprichwörtlich wie gefühlsmäßig. Die Straße führte direkt bis zum Parkplatz am Aussichtspunkt – irgendwie schon typisch amerikanisch. Reiner meinte dazu nur ganz trocken: »In Deutschland fährt niemand mit dem Auto auf die Zugspitze.« Auf dieser Höhe bewegten wir uns nämlich ungefähr. Interessanter Vergleich!

Beim Aussteigen stellten wir sofort fest, wie lausig kalt es so früh am Morgen auf über 2900 Metern war – nicht zuletzt wegen des eisigen Windes. Ich war unglaublich froh über meine lange Unterhose und die dicke Goretex-Jacke. Ja, richtig gehört, solch warme Kleidung war hier angesagt – auch wenn man bei einem Hawai'i-Urlaub spontan eher an Bikini und Badeshorts denkt. Gut, dass wir gerüstet waren, so ließ sich die Wartezeit bis zum Sonnenaufgang ganz gut aushalten. Einige der anderen Besucher hatten die Bettdecken aus ihren Hotelzimmern mitgebracht und sich zum Schutz vor der Kälte darin eingewickelt. Auch keine schlechte Idee. Jedenfalls besser als frieren, aber es sah schon ziemlich skurril aus.

Beim ersten Urlaub waren wir während der Osterferien auf Hawai'i, zusätzlich war Spring Break – Semesterferien. Wir waren also keineswegs die einzigen Touristen, die dort den Sonnenaufgang genießen wollten. Trotzdem war es nicht überlaufen, nicht hektisch, die Stimmung unheimlich entspannt und geradezu »familiär«. Diese ruhige Stimmung wurde bei unserem zweiten Besuch am Haleakala mit Lore und Friedel durch ein ganz besonderes Erlebnis sogar noch übertroffen.

Kurz bevor sich die ersten Sonnenstrahlen zeigten, hockte sich ein Mann mit eigentümlich ruhiger Ausstrahlung auf die Felsen direkt am Kraterrand und »begrüßte« die Sonne mit leisen, aber dennoch eindringlichen Melodien auf seiner Panflöte. Ich würde ihn am ehesten als »Aussteiger« beschreiben, ausgehend von seiner Kleidung und seinem gesamten Erscheinungsbild. Gleichzeitig hatte ich das Gefühl, er ruhe völlig in sich selbst. Das gab der sowieso schon besonderen Atmosphäre dort noch eine ganz andere Qualität und verursachte mir Gänsehaut. Alle Gespräche verstummten und der Moment des Sonnenaufgangs wurde zum noch intensiveren Erlebnis.

Der ganze Krater unter uns war mit Wolken gefüllt und ganz langsam schickte die Sonne ihre ersten Strahlen, blinzelte über den Horizont, wurde stärker und stärker und löste Schicht für Schicht die Wolken auf, sodass der Blick in den riesigen Krater mit seinen vielfarbigen Aschekegeln frei wurde. Die Großartigkeit und Schönheit der Erde nahm aus dem Dunkel der Nacht heraus nach und nach Gestalt an und breitete sich langsam vor unseren Augen aus.

Es fühlte sich wirklich so an, als würde man der Schöpfung beiwohnen; zumindest der Schöpfung eines strahlend neuen, wundervollen Tages, der alle herrlichen Optionen und Qualitäten in sich birgt und nur genutzt werden will.

Der Sonnenaufgang über den Wolken war für mich ein fast spirituelles Erlebnis. Mich beschlich dabei das wundersame Gefühl, völlig losgelöst zu sein und alles von oben zu betrachten. Als würde ich wie ein Vogel durch die Lüfte schweben.

Nicht minder herrlich war es, nach der Eiseskälte die ersten gleißenden Sonnenstrahlen auf dem Körper zu spüren. Ich fühlte mich wie eine Eidechse, die durch das wärmende Sonnenlicht wieder aus ihrer Starre erweckt wird. Welch himmlisches Geschenk.

Zu unseren Erlebnissen passt sehr gut die hawaiianische Legende vom Halbgott Maui, der hier mit seinem Paddel die Sonne einfing und sie zwang, ihren Lauf zu verlangsamen und damit länger über der Insel zu verweilen. Haleakala bedeutet »Haus der Sonne«. Wie treffend. Man hat wirklich das Gefühl, dieses Fleckchen Erde ist besonders begünstigt.

Übrigens wird der Halbgott Maui unter dem Titel »Hawaiian Sup'pa Man« auch von Israel »IZ« Kamawiwo'ole besungen, einem leider schon verstorbenen hawaiianischen Musiker, dessen Lieder mich sehr beeindruckt haben. Er schafft es, die hawaiianische Musik in die aktuelle Zeit zu transferieren, ohne die Wurzeln zu verlieren und ohne in Kitsch abzudriften. Seine Songs kann man nicht nur vor Ort in Urlaubsstimmung hören, sondern durchaus auch zu Hause. Jetzt, Jahre nach unserem Hawai'i-Urlaub war er mit seiner Interpretation von »Somewhere over the rainbow« sogar hier in den Charts vertreten.

Witzig zu beobachten fanden wir auch die »Downhill-Biker«. Diese »Bergab-Radfahrer« wurden mit kleinen Bussen zum Kraterrand gefahren, der Anhänger mit den Fahrrädern hinten dran. Nach dem Erlebnis Sonnenaufgang erhielten sie alle winddichte Klamotten, die wie gelbe oder blaue Ostfriesennerze aussahen und einen Integralhelm. Der ganze Parkplatz am Aussichtspunkt war mit gelben und blauen Gestalten gesprenkelt. Dann ging's für sie aufs Rad und sie rasten bis auf Meereshöhe hinunter.

Beim Radfahren habe ich persönlich eine andere Motivation, mir ist es wichtig, den Gipfel aus eigener Kraft »erradelt« zu haben, bevor es wieder bergab geht. Die Tour bergauf kann dabei gern auch ausnehmend langsam sein. Dann bleibt auch genügend Zeit, die Landschaft und die Atmosphäre in sich aufzusaugen. Es würde mich eher stressen, beim gemeinschaftlichen Runtersau-

Halekala, Sonnenaufgang

Sliding Sands Trail

sen nur auf den Weg achten zu müssen, ohne in meinem eigenen Tempo die Umgebung genießen zu können. Wobei »Runtersausen« bei mir sowieso relativ ist, denn da bin ich wirklich zartbesaitet, hab immer die Hand an der Bremse und auch durchaus Gedanken an die Risiken im Kopf. Und die sind fraglos vorhanden, u. a. dadurch, dass ein Teil der Strecke durch offenes Weideland führt. Es gab auch schon den Zusammenstoß eines Radlers mit einer Kuh, den beide nicht überlebt haben. Wie ich gehört habe, sind die Downhill-Touren im Nationalpark mittlerweile verboten, jetzt beginnen sie an der Parkgrenze.

So viel zu meiner ganz speziellen Radfahrer-Ethik und zum »Große Töne spucken«. Denkt mal dran, wenn ich zu unseren Kaua'i-Erlebnissen komme ...

Wir hatten für den Tag jedenfalls andere Pläne, wollten den Krater hautnah fühlen und deshalb auf Schusters Rappen erkunden.

Nach einem kurzen Frühstück im Auto starteten wir noch ziemlich früh am Morgen. Wir hatten uns einen Weg quer durch den Krater ausgesucht, der am Visitor Center begann und etwas weiter unterhalb am Halemau'u-Trailhead wieder auf die Straße am Kraterrand stieß. Insgesamt 18 Kilometer, 854 Meter in den Krater hinunter und ein Stück Richtung Meer 321 Meter wieder hinauf. Und das in dieser Höhenlage. Da hatten wir uns schon Einiges vorgenommen. Jedenfalls schritten wir bei gleißendem Sonnenschein frohen Mutes den Sliding-Sands-Trail hinunter, vorbei an den vielfarbigen kleineren Aschekegel im Inneren des Kraters.

Wir begeisterten uns an der Mondlandschaft, die uns umgab. Apropos Mondlandschaft, ob die Amerikaner wirklich auf dem Mond waren? Mir kam der Gedanke, die Fotos könnten locker auch hier im Haleakala gemacht worden sein ... Aber ich will ja hier keinerlei Verschwörungstheorien Vorschub leisten ...

Am Silversword-Loop bewunderten wir eine ganze Menge Exemplare des seltenen, endemischen und nur an einigen Hängen des Haleakala beheimateten Silberschwerts. Agavenähnliche

Pflanzen, die nur einmal in vierzig Jahren blühen und dann absterben.

Tatsächlich hatten wir auch das Glück, eine in voller Blüte anzutreffen.

Nach ungefähr 250 Höhenmetern kehrte Ulrike zusammen mit Uwe um, wie vorher abgesprochen. Sie traute sich die ganze Strecke konditionell nicht zu und ich muss sagen, es war insgesamt schon sehr anstrengend, denn natürlich muss man auch irgendwann die Kraterwand wieder hinauf. Auch wenn sie an der Stelle, die wir uns für den Aufstieg ausgesucht hatten, nicht mehr ganz so hoch war. Die beiden verbrachten den restlichen Tag damit, sich noch einige relativ gut zugängliche Aussichtspunkte anzusehen, bevor sie uns am Ende unseres Weges mit dem Van wieder aufsammelten. Dieses Arrangement hatte für uns den Vorteil, dass wir nicht zum Gipfel zurück trampen mussten, wie bei einer unserer Folgereisen.

Wir anderen setzten unseren Weg fort und kamen nach einer Weile in den feuchteren Teil des Kraters. Man konnte genau beobachten, wie weit die Wolken vom Meer her in den Krater zogen und wann die Sonne genügend Kraft hatte, sie aufzulösen. Und eine weitere Besonderheit gab es hier im Kraterinneren, wie Corinna ebenso treffend wie irritiert bemerkte. Die Stille! Man hörte absolut nichts, noch nicht einmal den Wind. Und der ist auf Maui sonst ja bekanntlich allgegenwärtig. Es war, als hätte jemand an höherer Stelle alle Geräusche ausgeschaltet. Ungewöhnlich, total befremdlich und sehr beeindruckend.

Mit Florian unternahmen wir ein paar Jahre später die gleiche Wanderung erneut. Allerdings war das wieder ein komplett anderes Erlebnis. Kurz nach dem Start fing es nämlich an zu regnen. Beim Abstieg konnte man nur die nächste Umgebung sehen, das Kraterinnere war in Nebel und Dunst gehüllt. Das war ein ganz merkwürdiges und auch irgendwie beklemmendes Gefühl, denn außer uns Verrückten war wohl niemand unterwegs. Wir begegneten keiner Menschenseele, außer einem Ranger, der uns auf seinem Pferd überholte und den Pfad kontrollierte. Später ging der Regen in Nieseln über und die Sonne war hinter dem Dunst tatsächlich zu erahnen. Der Untergrund wärmte sich auf und fing richtig an zu dampfen, die Feuchtigkeit stieg in Schwaden von der schwarzen Asche auf. Wirklich, man konnte denken, man sei allein auf einem fremden Planeten. Ein Wunder, dass mir mein Kopfkino nicht hinter jeder Biegung ein außerirdisches Wesen vorgaukelte. Aber ich war so fasziniert von der außergewöhnlichen Stimmung, dass ich ausnahmsweise wirklich in diesem Augenblick war und ihn auf mich wirken lassen konnte.

Später legten wir einen Zwischenstopp und kurze Snack-Pause bei der Holua-Cabin ein, eine Hütte, in der man auch (nach Vorbuchung über Jahre oder wenn man per Los gewinnt) übernachten kann. Sie ist nicht bewirtschaftet, aber es gibt davor einen Tisch und Bänke, Wasser – allerdings kein Trinkwasser – sowie eine Komposttoilette. Wir packten daher unsere mitgebrachten Sandwiches und Getränke aus. Dort sahen wir zum ersten Mal Nene-Gänse, endemische Vögel und die Wappentiere der Insel.

Halemau'u-Trail

Danach machten wir uns an den Aufstieg und kämpften uns auf dem Halemau'u-Trail zum Kraterrand zurück. Wie man auf dem Foto sehen kann, ging es etliche Serpentinen aufwärts. Man konnte von unten nicht sehen, wie sich der Weg weiter windet und man hoffte hinter jeder Biegung darauf, endlich das Ende des Trails in Sicht zu bekommen. Aber nach jeder Serpentine schlängelte sich der Weg weiter und weiter, es war schon ziemlich zäh und sehr anstrengend.

Glücklicherweise bestand der Untergrund zumindest nicht mehr aus vulkanischem Granulat wie am Anfang des Weges, sondern aus festem, felsigem Untergrund, sodass man wenigstens nicht einen Schritt nach vorn machte und einen halben wieder zurückrutschte. Trotzdem kämpfte ich wegen einer heftigen Erkältung und der Höhe ganz schön mit dieser Bergetappe. Allerdings waren auch Reiner und Silke nicht viel schneller unterwegs, einzig Corinna erklomm die Serpentinen wie eine Bergziege. Bewundernswert! Meinen größten Respekt!

Eigentlich war die ganze Aktion schon ein bisschen unvernünftig von meiner Seite. Die Tour mit meiner Schnupfennase durchzuziehen war schon grenzwertig, aber ich dachte mir, wenn

Silversword Loop

Silversword, Blüte

ich jetzt einmal im Leben hier bin, dann möchte ich das unbedingt sehen und erleben. Und letztendlich ist es ja gut gegangen und Ulrike und Uwe konnten uns zwar müde, aber wohlbehalten wieder aufsammeln und nach Hause kutschieren.

Abends trafen wir uns alle bei Reiner und Uwe auf dem Zimmer und richteten unser Abendessen. Die beiden teilten sich ein Zimmer, ebenso Corinna und ich. Durch Berts kurzfristige Absage hätten ansonsten Corinna und Uwe gemeinsam nächtigen müssen. So passte es besser und harmonierte auch hervorragend.

Reiner und Uwe hatten eine Küche auf dem Zimmer, das passte natürlich super. Denn auch Uwe ist ein »begnadeter Hilfskoch«. Beide sind extreme Genießer, Helden am Grill, kochen und brutzeln gerne. Neues und Exotisches auszuprobieren, macht ihnen Riesenspaß. Der Supermarkt in Reichweite, am Pool zwei Gasgrills, die wir benutzen durften. Wir waren kulinarisch im Schlaraffenland!

Wir schlemmten uns also durch alle Köstlichkeiten, die Maui zu bieten hatte und die wir in diesen paar Tagen erwischen konnten. Steaks, Salate, frische Ananas – überhaupt geniales Obst, Taro-Brötchen. Alles, was das Herz begehrt.

Apropos Ananas. Jetzt ist es wohl an der Zeit zu gestehen, dass ich hessisches Landei der festen Überzeugung war, dass Ananas auf Bäumen wachsen würden. Keine Ahnung, wie ich darauf komme. Wie Kokosnüsse vielleicht? Jedenfalls konnte ich auf Hawai'i mit großem Erstaunen feststellen, dass sie auf dem Boden wachsen und man sich beim Ernten kräftig bücken muss. Alles klar, wieder etwas gelernt und mit einer falschen Vorstellung aufgeräumt.

Die Ananas, die wir zu Hause immer mal auf dem Hanauer Wochenmarkt kaufen, sind schon sehr lecker, aber das Aroma der Früchte hier direkt vor Ort ist einfach unschlagbar. Vor allem, weil Lore später auch auf so nette Kreationen kam, wie die Ananas auszuhöhlen, das Fruchtfleisch zu pürieren, es mit Vanilleeis zu mischen und das Ganze mit Sekt aufzugießen. Wieder in die ausgehöhlte Ananas gefüllt und etwas durchgezogen, ergab sich daraus ein toller Cocktail, den wir mit dem Strohhalm und mit viel Begeisterung schlürften.

Schnorcheln am Molokini-Atoll

Und schon war ein neuer Tag auf Maui angebrochen und wieder stand ein Höhepunkt auf dem Programm. Ja, wenn ich's recht betrachte, bestand eigentlich die ganze Reise aus einer Aneinanderreihung von »Sahnehäubchen«. Um sieben Uhr morgens sollte unser Boot vom Hafen in Ma'alaea zum Schnorcheln ablegen. Da hieß es nun wieder zeitig aufstehen, das war ja sowieso das Motto dieses Urlaubes.

Vorher gab's noch ein gemeinsames Frühstück in Reiners und Uwes Zimmer, das den Treffpunkt für uns alle bildete. Dabei spielten wir Ulrike einen kleinen Streich. Wir waren an einem der Vortage ohne sie einkaufen gewesen, weil sie die Zeit gerne nutzen wollte, um in der Hotelanlage die wunderschön angelegten Rabatten mit exotischen Blumen zu fotografieren. Bei unserer Einkaufstour waren wir auch in einem kleinen, insgesamt etwas seltsam anmutenden Supermarkt mit dem Namen »Moon-Market« gelandet. Das Sortiment war sehr gewöhnungsbedürftig, ging Richtung Öko mit einem Schuss New Age. Jedenfalls hatten wir dort unter anderem Taro-Brötchen gekauft. Sie sahen eigentlich aus wie typisch amerikanische helle Brötchen, waren aber innen teils leicht grünlich, teils leicht violett, wirkten also auf den ersten Blick als wären sie schimmelig. Wir waren alle einfach neugierig, wie sie wohl schmecken würden.

Auf dem Heimweg kam uns dann die Idee, Ulrike damit ein bisschen auf die Schippe zu nehmen, wohl wissend, dass sie uns den Ulk nicht übel nehmen würde.

Wir stellten die Brötchen deshalb morgens auf den Tisch, natürlich ohne Verpackung, und nahmen uns jeder davon. Ulrike wurde leicht hysterisch, weil wir in ihren Augen verschimmelte Brötchen aßen. Wir erklärten ihr natürlich, dass unser Magen das schon verkraften würde, und überhaupt: Was macht schon so ein bisschen Schimmel aus? Um Uwe zu zitieren: »Ein Guter steht's durch und um einen anderen ist es eh nicht schad.« Ulrike sah schon unseren ganzen Urlaub bedroht und uns alle in der

Notaufnahme im Krankenhaus. Frei nach Michael Mittermeier: »Do you have an Auslandskrankenschein?« Nachdem wir sie eine Weile gefoppt hatten, zeigten wir ihr dann natürlich doch die Verpackung und klärten sie auf und sie lachte herzlich mit uns. Allerdings nahm sie nur ganz zögerlich auch ein Häppchen von den Brötchen und blieb weiterhin ein wenig skeptisch.

Wenn ihr jetzt wissen möchtet, wie mir die Brötchen geschmeckt haben, kann ich nur sagen, unspektakulär und ein wenig fad. Nicht so süß wie die üblichen Rolls, also insgesamt keine kulinarische Explosion auf dem Gaumen und von daher nichts Besonderes.

Mit dieser Aktion, bei der wir uns alle das Lachen hatten verkneifen müssen, um uns nicht vorzeitig zu verraten, hatte der Tag schon mal auf äußerst witzige Weise angefangen. Deshalb waren wir auf dem Weg zum Hafen, für den wir eine knappe halbe Stunde brauchten, trotz der frühen Stunde schon in Höchstform, man konnte es kaum glauben. Die flotten Sprüche flogen nur so hin und her, die Lachmuskulatur wurde arg beansprucht und hier war es auch, wo der neue Titel für Corinna geboren wurde. Von Natur aus ziemlich ruhig, hörte sie sich unser Ping-Pong-Spiel an frechen Sprüchen an, amüsierte sich innerlich darüber, beteiligte sich aber nicht daran. Bis Uwe ihr schließlich eine gaaaanz große Karriere in Hollywood prophezeite: als Stummfilmstar. Das ließ auch uns erst mal sprachlos werden, aber dann war das Gelächter – auch das von Corinna – riesengroß. Und im Verlaufe der Reise wurde sie ihren Namen zwar nicht los, aber der ein oder andere Kommentar, knochentrocken und wunderbar passend, kam ihr dann doch über die Lippen. Sie war also eine hervorragende Ergänzung unseres eingespielten Teams.

Zusätzlich erfreute uns Reiner an diesem Morgen mit seiner einzigartigen Musikauswahl. Ich erinnere mich, dass ich mich in die »Jugendgruppenzeit« zurückversetzt fühlte. Denn es kamen Titel wie »Was wollen wir trinken, sieben Tage lang« von den Bots, »Skifoan« von Wolfgang Ambros und Ähnliches. Wobei man bei Reiner nie genau weiß, was einen musikalisch erwartet. Er hat einen wirklich breit gefächerten Musikgeschmack. Da kann schon mal locker Johnny Cash kommen, direkt gefolgt von Alexandra mit »Mein Freund der Baum« und in nahtlosem Anschluss eine Darbietung von AC/DC oder Rammstein. Eines kann ich jedenfalls mit Fug und Recht behaupten: Mit diesem Mann wird's nie langweilig. Bei der Musik nicht und im richtigen Leben erst recht nicht. Wie wunderbar.

Die Bootstour zum Molokini-Atoll, ca. eineinhalb Stunden vor der Küste von Maui gelegen, war herrlich. Es handelt sich bei dem Atoll, wie kann es auf Hawai'i anders sein, um die Überreste eines erloschenen und größtenteils versunkenen Vulkankraters. Die »Rückwand« steht noch und schirmt im Halbkreis das wunderschöne Schnorchel-Revier gegen das offene Meer hin ab. An der Außenseite geht es richtig tief abwärts, im wahrsten Sinne des Wortes »Deep Blue«. Auf der Innenseite, vor der wir ankerten, war es geschützt, es gab kaum Wellengang und man konnte die Unterwasserwelt problemlos erkunden. Ich tat das dann auf die »faule Art«. Weil ich immer noch stark erkältet war, konnte ich nicht so gut tauchen. Okay, ich gebe zu, auch wenn ich richtig fit bin, hab ich nicht viel Puste und meine Tauchkünste sind eher im Minusbereich. Stellt euch einen Korken vor, der ploppt auch immer sofort wieder an die Oberfläche – so ähnlich ist es bei mir auch.

Maske und Schnorchel hatten Reiner und ich von zu Hause mitgebracht, wo sie vor den Hawai'i-Urlauben seit Kindheits- bzw. Jugendtagen ein Schattendasein auf unserem Dachboden gefristet hatten. Nun kamen sie wieder zu neuen Ehren.

Ich lieh mir dazu einen Wetsuit, einen »Beppo-Brehm-Anzug«, wie eine meiner Freundinnen augenzwinkernd formuliert, blies die Schwimmweste auf und ging mit dem Kopf nur so weit unter Wasser, wie es der Schnorchel erlaubte. Auch von dort oben hatte ich schon einen tollen Blick auf die vielen bunten Fische und die wunderschönen Korallen. Ein Anblick, den ich nie vergessen werde.

Reiner war ebenfalls total begeistert und völlig in seinem Element. Schwimmen und vor allem Tauchen ist ganz seine Welt.

Eigentlich müsste er von Natur aus Schwimmhäute zwischen Fingern und Zehen haben. Vielleicht liegt's ja tatsächlich an seinem Sternzeichen: Wassermann! Das passt, wie die Faust aufs Auge. Außerdem haben wir uns im Schwimmbad richtig kennengelernt. Man kann's nicht leugnen, dass nasse Element begleitet uns bis heute. OK, auch mein Sternzeichen Krebs hat ja mit Wasser zu tun …

Reiner hatte sich für diesen Ausflug eine günstige Einmal-Unterwasserkamera gekauft, tauchte mit seinen Flossen so richtig tief hinab und knipste wie wild, völlig begeistert von der Unterwasserwelt. Später stellte er fest, dass es gar nicht so einfach ist, unter Wasser ordentliche Fotos zu schießen. Ein großer Teil der Bilder, so zeigte sich nämlich nach der Entwicklung, war viel zu weit weg, außer blauer Farbe und Schemen konnte man kaum etwas darauf erkennen. Aber zumindest ein paar Super-Fotos waren ihm gelungen – insofern: »Mission erfüllt«.

Übrigens sind Reiner und ich beide total fotobegeistert – allerdings mit dem kleinen Unterschied, dass er die Technik deutlich besser beherrscht, während ich mehr »aus dem Bauch heraus« fotografiere. Trotzdem ergänzen wir uns ziemlich gut, oft wissen wir später nicht mehr, wer von uns beiden das einzelne Foto nun gemacht hat, denn wir sind ganz oft auch bei den Motiven und der Perspektive auf der gleichen Wellenlänge. So sind alle im Buch abgedruckten Fotos (bis auf das Bild, auf dem die Blume aus dem alten Lavafluss wächst, das ist von Corinna, und die Fotos auf S. 112) entweder von Reiner oder von mir. Wir haben mit viel Mühe aus der Vielzahl unserer Bilder die passendsten und eindrucksvollsten ausgesucht. Wobei wir jede Menge »Mut zur Lücke« beweisen mussten, denn am liebsten hätte ich noch viel mehr hineingepackt. Aber das hätte dann wohl doch den Rahmen gesprengt und einen Bildband ergeben …

Nach einer Stunde schnorcheln fuhren wir weiter zu einer Stelle, an der oftmals große Meeresschildkröten gesichtet werden, und ankerten dort. Dazwischen gab's auf dem Boot leckeres Essen. Wer mochte, konnte auch an diesem zweiten Ankerplatz noch mal ins Wasser gehen. Vielen der Teilnehmer genügte aber der erste Schnorchel-Stopp und sie waren noch mit dem Snack beschäftigt.

Silke und ich starteten aber gemeinsam noch mal und schwammen auf der Seite des Bootes, auf der fast keine Menschen im Wasser waren. Und tatsächlich, wir hatten Glück. Eine riesige Meeresschildkröte, Green turtle genannt, schwamm direkt an unserer Seite.

Das klingt jetzt vielleicht ein bisschen merkwürdig, aber uns beiden war wirklich etwas unheimlich zumute. Natürlich weiß man, dass Schildkröten nicht gefährlich sind. Aber es war so beeindruckend und man hatte das Gefühl, dass nur wir zwei allein mit dieser – doch recht großen – Schildkröte im Ozean schwimmen. Man hatte völlig aus den Augen verloren, dass das Boot nur wenige Meter entfernt war. Also fassten wir uns an den Händen und bewegten uns zusammen mit der Schildkröte. Natürlich immer in gebührenden Abstand. Das war wirklich ein Gänsehauterlebnis.

Als uns auf der Rückfahrt in der Entfernung noch ein Buckelwal begegnete, war der Tag perfekt. Buckelwale halten sich nur in den Wintermonaten in den Gewässern vor Hawai'i auf, um dort ihre Jungen zur Welt zu bringen. Den Sommer verbringen sie in den nährstoffreichen Gefilden vor Alaska. Da wir zu Beginn des Frühjahrs dort waren, hatten wir wirklich großes Glück, einen zu Gesicht zu bekommen.

Nach insgesamt fünf Stunden legten wir kurz nach dem Mittag wieder im Hafen an, und da wir alle noch nicht müde waren, überlegten wir, was wir mit dem Rest des Tages anfangen könnten. Corinna kam auf den glorreichen Gedanken, nach Ho'okipa-Beach zu fahren. Jawoll, super Idee. Vorschlag einstimmig angenommen! Nein, nicht zum Schwimmen, sondern um den Surfern zuzuschauen. Dieser Strand ist das Mekka der Windsurfer und dort surfen auch wirklich nur die Helden. Es gibt hier ein vorgelagertes Riff, das dafür sorgt, dass sich die Riesenwellen auf eine bestimmte Art brechen und so beste Bedingungen für die Crème de la Crème der Windsurfer schaffen. Allerdings liegt es auch teilweise nur einen halben Meter unter der Wasseroberfläche und besteht aus scharfkantigem Lavagestein. Also nix für Zartbesaitete. Ich schätze, da hat es bestimmt schon einiges an Equipment geschreddert – mal ganz abgesehen von dem persönlichen Risiko, das jeder eingeht, der sich dort aufs Meer wagt.

Das Wetter war klasse. Wir ließen uns die steife Brise um die Nase wehen und erfreuten uns an den bunten Segeln auf dem Wasser. Allerhöchsten Respekt vor den Jungs und Mädels, die dieses Revier meistern. Surfen ist auf Hawai'i ja Nationalsport. Allerdings ist damit meist das Wellenreiten gemeint, also das Surfen ohne Segel. Insofern ist Ho'okipa schon etwas Besonderes. Hier hat schließlich auch Robby Naish trainiert, der vielfache Weltmeister im Windsurfen.

Nach ungefähr einer Stunde konnten Silke und ich allerdings nicht mehr still sitzen. Wir holten unseren Beach-Volleyball aus dem Auto und begannen, ein bisschen hin- und herzuklickern. Keine grandiose Idee, denn bei dem Wind war das ein hoffnungsloses Unterfangen. Wir stürzten denn auch mehr in der Gegend herum und waren damit beschäftigt, dem Ball hinterherzuspringen, als dass man es als »großen Sport« hätte bezeichnen können. Das Ganze hatte mehr etwas von »Hol das Bällchen« als von Volleyball und wirkte von außen wohl mehr wie die Apportier-Lern-Versuche eines jungen Hundes. Und ausgerechnet diese gnadenlose Vorstellung nutzte Reiner, um die extra für diesen Urlaub geliehene Videokamera auszupacken und die Katastrophe aufzuzeichnen. Hinterher durften wir uns alles noch mal ansehen, mit der Bemerkung, unser Training wäre ja schon ein motorischer Totalausfall gewesen, noch nicht einmal ausreichend für Kreisklasse-Niveau und so übel, dass es jedem Trainer die Tränen in die Augen treiben würde. Hm, das lasse ich am besten umkommentiert.

Lahaina – ein Städtchen mit Flair

Am Folgetag war – man fasst es kaum – tatsächlich ein Relax- und Strandtag angesagt. Morgens wollten wir das alte Walfänger-Städtchen Lahaina unsicher machen und nachmittags zu einem relativ abgelegenen Strand weiterfahren. So weit, so gut! Der Vormittag stürzte mich dann allerdings in heftige Entscheidungsnot. Reiner und Uwe hatten verabredet, zusammen in das Fitnessstudio in Lahaina zu gehen. Reiner ist zu Hause meist an mindestens drei Tagen in der Woche im Gym und Uwe ist für Krafttraining auch immer zu haben. Die Damenfraktion hatte sich entschlossen, einen Bummel durch Lahaina zu unternehmen. Shopping? – Ihr wisst ja, wie ich dazu stehe ... Jetzt war ich hin- und hergerissen. Ich hatte total viel Lust, auch zu trainieren, fühlte mich aber körperlich immer noch nicht fit, mir lief auch immer noch die Nase. Irgendwie konnte ich mich zu keiner Entscheidung durchringen und war – charmant formuliert – unausgeglichen. Reiner sprach da eher von »Zickenzauber« ... Hm.

Jedenfalls erfolgte meine Entscheidungsfindung, das Abwägen des Für und Wider, nicht still im Kopf, sondern eher laut vor mich hin sprechend. Ich erwähnte dabei Reiner gegenüber, dass es sicherlich mehr Sinn machen würde, wenn ich auf dem Rückweg in Los Angeles im weltberühmten Gold's Gym, wie geplant gemeinsam mit den beiden richtig trainieren gehen würde, das wäre bestimmt »angenehmer«. Reiner hatte natürlich nix Besseres zu tun, als diesen Wortlaut exakt so an Uwe weiterzugeben. Natürlich völlig aus dem Kontext gerissen. Mit dem Erfolg, dass ich mir den Rest des Urlaubs (und bei jedem Treffen auch noch bis in die Gegenwart) anhören durfte bzw. darf, wie *»angenehm«* es sich in Los Angeles *»richtig«* trainieren lässt. *»Angenehm«* und *»richtig«* sind nämlich zwei Dinge, die sich in Zusammenhang mit Training schon per se ausschließen – zumindest in Uwes Weltbild. Außerdem musste ich mir (ich gebe zu: Nicht ganz zu Unrecht) anhören, dass ich kurz zuvor mit meiner Erkältung ja schließlich auch 18 km auf knapp 3000 m Höhe durch den Haleakala gelatscht sei

… also würde es sich bei dem Training jetzt auch nur um reine Willenssache handeln. Uff, da hatte ich mein Fett weg. Vor allem, weil mir nun langsam die Argumente ausgingen und ich die Logik dieser Bemerkung nicht entkräften konnte. Was mich noch unausgeglichener, sprich noch zickiger machte.

Just in dem Moment fielen mir die Worte meines Beachvolleyballpartners Frank über seine Trainingserfahrung mit Reiner ein. Selbst durchtrainiert und beim Sport nicht totzukriegen, weil ihm der »Aus-Knopf« fehlt, meinte Frank, ein Training mit meinem Mann sei wie eine »gute Grippe«, man hätte tatsächlich eine ganze Woche was davon. Sprich er hatte nach dieser Erfahrung eine ganze Woche lang ordentlich Muskelkater …

Das gab den Ausschlag und so entschied ich mich trotz Uwes nicht zu widerlegenden Argumenten gegen das Fitnessstudio und für den Einkaufsbummel mit den Mädels, und nachdem ich mich wieder abgeregt hatte, konnte ich ihn sogar genießen.

In Lahaina gibt es mitten in der Stadt einen riesengroßen wunderschönen Banyanbaum, der 1873 gepflanzt wurde. Man stelle sich mehrere Stämme vor und eine ausladende Krone, von deren Ästen ganz viele dicke Luftwurzeln zur Erde zurückkommen, sodass es aussieht, als wären es tausend einzelne Stämme. Man kann darunter richtig spazieren gehen. Der Baum selbst umfasst einen ganzen Block. Auch die Geschäfte und Kneipen in Lahaina sind interessant und schnuckelig, zwar schon auch touristisch geprägt, aber trotz allem mit einem gewissen Flair.

Als wir mit Lore und Friedel in Lahaina waren, fand dort direkt unter dem riesigen Banyanbaum gerade eine Kunstmesse statt. Und zwar wurden ausschließlich Werke einheimischer Künstler ausgestellt und feilgeboten. Lore und ich fanden das megaklasse. Unsere Männer waren erst am Stöhnen, fügten sich dann aber in ihr Schicksal und ertrugen es mit Fassung, dass wir uns jeden einzelnen Stand ansehen mussten. (Wenn ich nix anprobieren muss, geht das mit dem Shopping echt gut …). Da gab es Skulpturen aus Koa-Holz zu bewundern, Ketten und Schmuckstücke aus Perlen und Muscheln, wunderschöne Aquarelle und tolle Tiermotive (Piktogramme oder besser Petroglyphen von Schildkröten, Haien, etc.), die auf Tapa-Rinde gedruckt oder gemalt waren. Tapa-Rinde ist das Material, aus dem die alten Hawaiianer ihre Kleidungsstücke gefertigt haben. Es fühlt sich an wie steifes, hellbraunes Packpapier oder dünne Pappe. Weiter gab's neben den traditionellen Sachen auch psychedelische Riesengemälde und sehr moderne Exponate, mit denen ich persönlich nicht viel anfangen konnte. Aber interessant waren sie allemal.

Nach diesem grandiosen Auftakt tingelten wir noch durch sämtliche Boutiquen und Geschäfte am Wegesrand, und das waren jede Menge. Lore suchte nach Mitbringseln für sämtliche Kinder der Familie und versackte in einem Laden mit Hawaii-Hemden. Reiner meinte nur ganz trocken: »Na ja, die armen Kleinen, die können sich ja noch nicht wehren!« Aber weit gefehlt, die Kids fanden's später echt klasse und waren damit die Stars in der Schule.

Danach mussten wir uns erst mal ein wenig stärken. Ich wollte mir daher ein kleines Eis gönnen und bestellte in der Waffel zwei Bällchen. Dachte ich zumindest. Aber irgendwas muss der Eisverkäufer wohl missverstanden haben, oder vielleicht war auch ein bisschen zu viel Hessisch in meinem Englisch, denn der Eisberg, den ich bekam, war so riesig, dass er von der Waffel zu fallen drohte. Ich bekam deshalb noch einen Becher mit dazu und brauchte eine Dreiviertelstunde, bis ich alles geschafft hatte. Aber lecker war's!

Gegen Mittag trafen Silke, Ulrike, Corinna und ich uns wieder mit den Jungs in Hafennähe, saßen auf der Terrasse einer Bar mit Blick auf das Meer und nahmen in gemütlicher Atmosphäre einen kleinen Drink. Wobei ich zum zweiten Mal an diesem Tag eine Äußerung von mir gab, die mich den Rest des Urlaubs begleitete und tatsächlich bis in die Gegenwart nicht vergessen ist. Die genaue Situation ist mir entfallen, ich erinnere mich aber noch daran, dass es darum ging, wie viel Gewicht in unserer Gruppe die weibliche bzw. die männliche Meinung haben sollte. Fest stand – zumindest für unsere beiden Jungs – dass sie immer gaaaanz besonders wichtig waren. An unsere beiden Herren der Schöpfung gerichtet, entschlüpfte mir deshalb: »Selbst wenn ihr euch doppelt nehmt, sind wir immer noch einer mehr als ihr!« Hm?

2 x 2 = 3 ?!?

Zwei Jungs und vier Mädels. Allenfalls hätte es zum Patt gereicht. Erst nachdenken, dann losplappern! Aber dazu war's nun zu spät. Und ich kann's noch nicht mal auf den Cocktail schieben – der war nämlich ohne Alkohol. Jedenfalls durfte ich auf dieser Reise nie wieder irgendetwas ausrechnen. Na ja, vielleicht besser so.

Mittags fuhren wir an einen abgelegenen Strand und vergnügten uns mit lesen, tobten in den Wellen herum, schlemmten frische Ananas und ließen es uns so richtig gut gehen. An Schwimmen war allerdings auch hier nicht zu denken, die Brandung war zu stark und es gab zu heftige Unterströmungen. Es machte aber trotzdem einen Heidenspaß, bis zu den Knien ins Wasser zu gehen und sich von den Wellen umwerfen zu lassen. Es gibt halt auf Hawai'i nur wenige Strände, an denen man gefahrlos schwimmen gehen kann, vor allem im Winterhalbjahr.

Die Krönung dieses Tages folgte aber kurz vor unserem Aufbruch. Reiner hatte aus Spaß eine von Silkes Sandalen im Sand verbuddelt. Den anderen Schuh stellte er direkt auf die bewusste Stelle, damit wir ihn später auch problemlos wiederfinden würden. Allerdings fiel uns zwischenzeitlich ein, wir könnten eine Runde Karten spielen und uns dazu in den Schatten zurückziehen. Jeder packte seine Siebensachen und schleppte sie unter die Bäume, auch Silke. Leider brachte sie dabei nur einen Schuh mit und wir anderen achteten in dem Moment auch nicht darauf. Als wir später aufbrechen wollten, vermisste sie ihren zweiten Schuh. Oh weia, jetzt ging die Suche los. Man stelle sich einen langen, breiten Strand vor (nicht umsonst wird dieser Strandabschnitt »Big Beach« genannt) und keinerlei Anhaltspunkt, wo wir mit der Suche beginnen sollten. Also buddelten sechs Leute wie die Verrückten die Stellen im Sand um, wo wir die Sandale vermuteten. Wahrscheinlich dachten die anderen Strandbesucher, wir wären von irgendeinem geheimnisvollen Virus befallen worden. Ob alle »Germans« so »crazy« sind?

Leider war unsere Suche auch nach einer halben Stunde nicht von Erfolg gekrönt und so gaben wir schließlich entmutigt auf. Silke musste mit nur einem Schuh nach Hause fahren. Selbstverständlich ersetzten wir ihr den Verlust, aber erst mal war es schon ziemlich unerquicklich für sie.

Mit Florian unternahmen wir noch ein Stückchen südlich

von Big Beach später eine ganz spezielle Schnorchel-Tour. Bevor die asphaltierte Straße in La Pérouse Bay endet, führt sie durch einen alten Lavastrom. Wir parkten den Wagen noch vor der Lava, schulterten unsere Rucksäcke, in denen unsere Bade- und Schnorchel-Klamotten verstaut waren, und marschierten die Straße entlang. Ungefähr auf halbem Weg bis zum Ende der Straße schlugen wir uns in die nicht vorhandenen Büsche, das heißt, wir kletterten über die erstarrten Lavabrocken, die den Straßenrand wie eine aufgetürmte Böschung säumten. Nach einigem Suchen fanden wir dahinter einen erst kaum wahrnehmbaren, dann aber deutlicher ausgetretenen Trail, der uns in einer guten halben Stunde an die Küste führte. Der Weg lohnte sich, denn wir stießen auf eine einmalige Schnorchel-Möglichkeit, »Fishbowl« genannt. Da wir schon am frühen Morgen aufgebrochen waren, hatten wir diesen herrlichen Platz bis zur Hälfte des Vormittages für uns ganz allein.

Am »Fishbowl« war das Schnorcheln auch für uns Anfänger toll, denn der Einstieg ging sanft über einen feinkörnigen kleinen Kiesstrand und »the Bowl« (die Schüssel) war durch einen natürlichen Steinwall vom eigentlichen Ozean abgeschirmt, nur ein schmaler Durchlass verband die Bucht mit dem Meer. Also relativ flaches Wasser. Bis dorthin, wo wir schnorchelten, konnte man überall stehen und jede Menge farbenprächtiger Fische bewundern, während die Brandung uns unbehelligt ließ.

Nachdem Flo ungefähr drei Minuten nach der obligatorischen »Hai-Frage« dann doch mit ins Wasser ging, fand er es genauso wundervoll wie wir und paddelte begeistert im warmen Wasser herum. Mein Statement lautet: Die Wanderung war spitze!

In der gleichen Gegend nur noch ein Stück weiter südlich gab es noch eine wunderbare Schnorchel-Möglichkeit, ebenfalls zu erreichen durch eine Wanderung in pittoresker Landschaft. Hierzu packten Lore, Friedel, Reiner und ich erneut unsere Schnorchel-Sachen in den Rucksack und schnürten die Wanderschuhe. Ausgehend vom südlichsten Zipfel von La Pérouse Bay ging es wieder über den erkalteten Lavastrom Richtung Küste. Allerdings brauchten wir gar nicht bis zur Küstenlinie zu wandern, denn bereits auf dem Weg dorthin gab es verschiedene Süß-, Salz- oder Brackwasserpools auf dem Lava-Feld, in denen man schnorcheln konnte. Manchmal waren sie auch so flach, dass man die Schnorchelausrüstung gar nicht brauchte und schon beim am Rand stehen oder beim Durchwaten die Unterwasserwelt auf dem Präsentierteller hatte. Direkt im knietiefen Wasser konnten wir so zum Beispiel einen Oktopus beobachten, wie er sich langsam vorwärtsbewegte.

Historisches im Iao-Valley

Bevor wir nun Maui verlassen und uns der nächsten Insel Hawai'i zuwenden, möchte ich gerne noch einen kleinen Abstecher zur Iao-Needle ins Iao-Valley machen. Das ist ein liebliches Tal, etwas oberhalb der Stadt Wailuku (dem Verwaltungssitz von Maui) gelegen. Die »Needle« ist eine bewachsene Felsnadel, das Überbleibsel eines Bergkammes, Teil der Caldera des West-Maui-Vulkans.

Wenn man das wunderschöne Tal mit der friedlichen Atmosphäre besucht, durch das ein Flusslauf leise plätschert, kann man sich kaum vorstellen, dass hier eine der fürchterlichsten Schlachten der hawaiianischen Geschichte um die Vorherrschaft über die Inseln getobt hat. King Kamehameha der Große, der über Big Island herrschte, überfiel 1790 Maui, tötete persönlich den bisherigen Machthaber und schickte seine Truppen. Mittels einer Kanone entschied er die Schlacht für sich und es wird erzählt, dass der Fluss sich vor Blut rot färbte und durch die Körper der vielen Opfer blockiert wurde.

Heute gibt es dort einen kurzen Pfad mit Aussichtspunkten, auf dem man entlangflanieren kann. Er ist mit Tafeln versehen, auf denen die historischen Ereignisse dargestellt und erläutert werden. Außerdem sind kleine Taro-Felder und andere kultivierte hawaiianische Pflanzen zu bewundern. Alles ist sehr nett angelegt, idyllisch und durchaus einen kleinen Ausflug wert.

Besonders eindrücklich ist mir allerdings nicht die Historie dieses Ortes in Erinnerung, sondern ganz profan die Brücke über den kleinen Fluss. Von dort aus sprangen nämlich zwei Jungs hinunter. Ich weiß noch genau, wie viel Gänsehaut mir das verursacht hat – denn das Flüsschen war nur in einem ganz kleinen Bereich direkt unterhalb der Brücke überhaupt tief genug für einen Sprung aus solcher Höhe. Also habe ich immer die Luft angehalten und gleichzeitig den Kopf darüber geschüttelt, wie man so wagemutig (oder so blöd) sein kann. Flo und Reiner fanden's natürlich megaspannend und obwohl, wie kann es anders sein, ein Verbotsschild an der Brücke angebracht war, war den beiden anzusehen, dass es sie schon sehr verlockt hat, es ebenfalls zu versuchen. Aber das stand ja wohl wirklich nicht zur Debatte und ich musste gar nicht erst mein Veto einlegen ...

Etwas unterhalb der Iao-Needle ist ein kleiner Park mit Namen Kepaniwai-Park Heritage Garden angelegt, in dem verschiedene Gebäude die unterschiedlichen Nationen repräsentieren, die als größere Einwanderergruppen nach Hawai'i kamen. Unter anderem gibt es einen kleinen koreanischen Tempel, ein typisch portugiesisches Gebäude, einen japanischen Koi-Teich und auch China ist vertreten. Hier wird die Geschichte der Einwanderer veranschaulicht und anhand der Bauten begreifbar gemacht, was mich zuerst in Waikiki so irritiert hatte. Nebenbei haben wir so etwas über die geschichtlichen Hintergründe der einzelnen Einwanderergruppen erfahren.

Der kleine Park ist schattig, ruhig und bei freiem Eintritt auf alle Fälle einen Besuch wert. Schön auch, wenn man es mal eine Weile etwas beschaulicher und ohne körperliche Aktivität haben möchte. Man kann ja nicht immer Boogie boarden, wandern, schnorcheln oder paddeln ...

Zum Abschluss dieses wirklich ruhigen Vormittags gönnten wir uns – ganz in der Tradition einer der großen Einwanderergruppen – in Wailuku noch ein leckeres Sushi-Essen, bevor wir wieder Richtung Strand und Aktivitäten starteten. Hier an der Quelle ist Sushi mit superfrischem Fisch natürlich ein ganz besonderer Gaumenschmaus!

Big Island/Hawai'i

Und schon war der Tag gekommen, an dem wir uns schweren Herzens von Maui verabschieden mussten. Wir flogen gegen Mittag nach Big Island weiter. Laut Reiseführer gibt es auf Big Island elf von dreizehn der auf der Erde vorkommenden Klimazonen und damit natürlich auch die entsprechende Flora.

Okay, das erklärt unter anderem auch, wieso sich hier (und nicht etwa in Texas, wie man vermuten könnte) mit der Parker Ranch die älteste und vor allem größte private Rinderfarm der USA befinden kann. Kaum zu glauben, aber im Hochland gibt es tatsächlich eine wirkliche Cowboy-Kultur. Nur heißen die Jungs hier statt Cowboys »Paniolos«. Das kommt daher, weil die ersten Cowboys auf Hawai'i mexikanischer Abstammung waren. Auch das fand ich eher überraschend.

Man kann sich auf Big Island (wie auf den anderen hawaiianischen Inseln übrigens auch) aussuchen, welches Wetter man denn gerade gerne hätte. Je nachdem, was man bevorzugt, fährt man in die Gegend und auf die Seite der Insel, die genau das Klima bereithält, das man sich momentan wünscht. Zum Beispiel sonnig und trocken auf der windabgewandten Seite für den Strandtag. Oder feucht und üppig grün auf der Seite, wo sich die vom Ozean kommenden Wolken an den Bergen abregnen, zur Besichtigung von tollen botanischen Gärten und Regenwald mit Wasserfällen. Zumindest für den Urlaub hat man da die perfekten Möglichkeiten. Wenn man dort lebt, ist es sicher nicht immer so einfach. Ich war jedenfalls sehr gespannt, was wir hier alles zu sehen bekommen würden.

In Kona erwartete uns ausnahmsweise ein sehr ansprechend ausgestattetes Hotel mit Poolbar, Massagesalon, eigener Meerwasserlagune etc., das wir zum Angebotspreis hatten buchen können. Die Lobby war ausgestattet mit einem riesengroßen wunderschönen Blumenarrangement und einem künstlichen Wasserfall an der Wand. Alles war sehr geschmackvoll eingerichtet und verströmte ein exotisches Flair. Trotzdem beschlich mich beim Einchecken ein seltsam unbestimmtes, aber ziemlich ungutes Gefühl, eine Art Vorahnung, als würde hier eine unangenehme Nachricht auf mich warten. Als wir unsere Zimmer bekommen hatten und in den Postfächern für uns keine weitere Information hinterlegt war, war ich ziemlich erleichtert und beruhigte mich vorerst wieder.

Diesen ersten Tag auf Big Island ließen wir es ausnahmsweise noch sehr geruhsam angehen und schlenderten abends durch die Stadt, bummelten durch die Geschäfte und landeten letztendlich wo? Natürlich im Gym, um uns über Preise und Öffnungszeiten zu informieren. Die beiden Jungs hatten gerade einen Wochenvertrag abgeschlossen, als Corinna und ich dazustießen, während Silke und Ulrike noch in anderen Geschäften stöberten. Ich wollte gerne ebenfalls ab und zu mal ein Training absolvieren, dazu aber nach Bedarf eine Tageskarte lösen; ein Wochenvertrag rentierte sich für mich nicht. Corinna passte.

Beim köstlichen und lustigen Abendessen, bei dem wir auf einer überdachten Terrasse über dem Meer saßen, machten wir uns einen Riesenspaß daraus, zu behaupten, wir hätten auch für Silke einen Wochenvertrag abgeschlossen. Wir zeigten ihr auch das Kärtchen (von Reiner), das wir als Bestätigung dafür bekommen hatten (auf dem natürlich kein Name stand). Außerdem drückte ich ganz schön auf die Tränendrüse und erklärte ihr, sie könne mich doch unmöglich ganz alleine mit den Männern trainieren gehen lassen, da wäre die Frauenfraktion ja gefährlich unterrepräsentiert. Trainingsbeginn wäre am nächsten Morgen um 5 Uhr früh. Das hatten Uwe und ich tatsächlich so vereinbart. Die frühe Uhrzeit war plausibel, denn um 8 Uhr gab's Frühstück und danach hatten wir schon unser fest geplantes Tagesprogramm, das durch unser Zusatztraining ja nicht leiden sollte.

Nachdem ich zwei Stunden gequengelt hatte, hatte ich sie tatsächlich »weichgeklopft«, sie glaubte uns und hatte im Geiste schon ihren Wecker gestellt. Corinna schüttelte nur den Kopf und meinte anschließend, mit unseren Aktionen und Sprüchen könnten wir mühelos eine Comedy-Sendung drehen, so unglaublich gut, wie wir schauspielern würden.

Kurz vor dem Schlafengehen war ich dann aber auf dem Hotelflur vor unseren Zimmern so fair und klärte Silke darüber auf, dass wir sie den ganzen Abend lang gefoppt und wir natürlich ohne ihre Zustimmung kein Abo für sie abgeschlossen hatten. Sie könne allerdings trotzdem jederzeit gerne mitkommen, so auch am nächsten Morgen, was sie aber dankend ablehnte und sich mit einem Seufzer der Erleichterung mit Ulrike in ihr Zimmer verkrümelte.

Da Reiner zwar sportlich höchst aktiv ist, allerdings NIEMALS – und das tatsächlich in Großbuchstaben – vor dem Mittagessen, war ganz klar, dass die Verabredung zur Abfahrt um 4.30 Uhr nur für Uwe und mich galt.

Der Abend war so lustig gewesen, wir hatten so viel Spaß und gute Stimmung gehabt und die Lachmuskeln arg strapaziert, aber auf dem Hotelzimmer kam nun der große Schock. Jetzt sollte sich mein seltsames Gefühl bewahrheiten, das ich beim Einchecken gehabt hatte. Wir riefen zu Hause an, um uns mal wieder zu melden und erfuhren, dass meine Großmutter drei Tage nach unserem Abflug plötzlich und unerwartet verstorben war. Ich war völlig fassungslos, zumal sie zwar kurz vor ihrem 90. Geburtstag gestanden hatte, aber bis auf kleinere Wehwehchen bei unserer Abreise noch richtig fit gewesen war. Sie war einfach morgens nicht mehr aufgewacht. An sich ja das, was man sich für sich selbst und seine Lieben wünscht, ohne langes Leiden und Schmerzen. Aber trotzdem war ich total geschockt, es erschien mir völlig surreal, ich konnte es kaum glauben.

Wir überlegten dann, ob es sinnvoll wäre, den Urlaub abzubrechen und zu versuchen, rechtzeitig zur Beerdigung zurück in Deutschland zu sein. Wir berechneten, dass das nur klappen würde, wenn wir kurzfristig einen Flug bekämen und auch tatsächlich alle Verbindungen reibungslos klappen würden. Da gerade Ostern und somit Hochsaison war, war allerdings kaum davon auszugehen, dass wir kurzfristig Platz im Flieger bekommen würden. Meine Eltern waren sowieso der Ansicht, dass wir unseren Urlaub keinesfalls abbrechen sollten. Sie hatten sogar überlegt, ob sie uns überhaupt informieren sollten, schließlich würde unsere Anwesenheit auf der Beerdigung meine Großmutter auch nicht wieder lebendig machen können. Trotz all dieser logischen Argumente fühlte ich mich schrecklich und in dieser Nacht war an Schlaf natürlich nicht zu denken.

Deshalb war ich geradezu froh, als um vier Uhr der Wecker fürs Work-out klingelte. Da in meinem Kopf die Gedanken ohnehin Karussell fuhren, konnte es auch nicht schaden, die Sportklamotten anzuziehen und wie verabredet ins Fitnessstudio zu gehen. Also gesagt, getan. Uwe und ich fuhren um 4.30 Uhr los und standen pünktlich um kurz vor 5 Uhr vor dem Studio. Aber merkwürdigerweise rührte sich dort gar nichts, alles war dunkel, niemand zu sehen. Wir hatten doch noch extra die Öffnungszeiten in Erfahrung gebracht und konnten es uns nicht erklären. Bis wir nach längerem Nachdenken drauf kamen: *Ostern,* an den Feiertagen öffnete das Studio erst um 7. Na prima. Wir versuchten es also im zweiten Gym von Kona, standen aber auch hier vor verschlossenen Türen. Was nun? Wieder ins Bett gehen? Ich hätte sowieso nicht schlafen können. Irgendwohin an den Strand? Das hätte zu lange gedauert, um aus Kona heraus an einen Strand zu kommen, der uns für einen Morgenspaziergang vorgeschwebt hätte. Also landeten wir bei »Denny's«, einem Restaurant, das 24 Stunden geöffnet hat, demzufolge sowohl Frühstück, Mittag-, Abendessen – als auch alles zwischendrin – serviert, und zu einer Restaurantkette gehört. Eigentlich mehr oder weniger Fast Food, aber mit ein bisschen mehr Hausmannskost-Charakter. Und vor allem in Kona wunderschön am Hang gelegen, mit tollen Panoramafenstern, sodass wir den Sonnenaufgang über dem Meer betrachten konnten. Normalerweise hätte ich »genießen« formuliert, aber das war mir an diesem Morgen nicht möglich. Nach etwas Kaffee, Frühstück und Uwes Zuhören ging's mir aber insoweit besser, als dass ich die Entscheidung getroffen hatte, später nochmals mit meinen Eltern zu telefonieren und danach endgültig festzulegen, ob wir versuchen sollten zurückzufliegen, oder nicht.

Nach dieser Stärkung nahmen wir einen zweiten Anlauf für unsere sportliche Aktivität und trafen das Gym auch offen an. Wir hatten zwar inklusive Duschen nur noch eine Stunde Zeit, aber die nutzten wir. Das Gold's Gym, das es mittlerweile in Kona leider so nicht mehr gibt, es steht jetzt unter neuem Management und die Atmosphäre ist ein wenig anders, befand sich in einer alten Fabrikhalle. Morgens wurden die großen Rolltore geöffnet, die Sonne schien hinein und man hatte das Gefühl, fast im Freien zu trainieren. Tja, echt schade, dass es so was in unserer Nähe nicht gibt. Okay, wir haben zu Hause natürlich schon einen eklatanten Standortnachteil und für den Sonntag, auf den der Sommer in manchen Jahren fällt, rentiert sich natürlich in Deutschland kein »Freiluftgym«.

Zurück im Hotel riefen Reiner und ich meine Eltern an und besprachen noch mal ausführlich alle Möglichkeiten. Wir kamen dabei zu dem Entschluss, den Urlaub nicht abzubrechen. Es war unrealistisch, pünktlich zur Beerdigung zu Hause zu sein. Auch wenn ein Rest schlechten Gewissens blieb. Und obwohl der Gedanke an meine Oma während des nachfolgenden Urlaubs immer präsent blieb, wurde er doch manchmal von den aktuellen, intensiven Erlebnissen überlagert. Im Nachhinein betrachtet kann ich nur sagen, ich habe damals die richtige Entscheidung getroffen, und meine Großmutter hätte das genauso gesehen. Das weiß ich sicher.

Mauna Kea – Hoch hinaus …

Nachdem die anderen der Gruppe vom Frühstück zurück waren, brachen wir zu einem Ausflug auf den Mauna Kea auf. Das ist der mit 4.200 m höchste Berg Hawai'is. Vom Meeresboden aus gerechnet, ist der Mauna Kea sogar mit knapp 10.000 m höher als der Mt. Everest. Im Winter kann man tatsächlich an seinen Hängen Ski fahren. Kaum zu glauben, oder? Morgens Ski fahren, nachmittags am tropischen Strand unter Palmen baden. Hawai'i macht's möglich. So viel zu den Klimazonen.

Unsere Fahrt zum Mauna Kea führte uns über die Saddle-Road – die direkte Verbindung zwischen Kona und Hilo. Diese Straße ist ein ewiges kurviges Auf und Ab und windet sich durch die Lavaströme früherer Zeiten. Manchmal sieht man von der Straße aus die Gebiete, in denen das Militär diese raue Landschaft zu Übungszwecken genutzt hat. Die Panzerspuren sind deutlich erkennbar. Landschaftlich sehr reizvoll, damals wenig befahren, mit einer ganz besonderen, eindringlich ruhigen Atmosphäre. Man hatte das Gefühl, fernab vom bunten »Strand-Hawai'i« zu sein, fast wie auf einer anderen Insel.

Von der Saddle Road zweigt die teils unbefestigte Stichstraße zum Mauna Kea ab. Unseren ersten Stopp legten wir auf 2.800 m Höhe beim Visitor-Center ein. Dort hieß es mindestens eine halbe Stunde zu verweilen und auch viel Flüssigkeit zu sich zu nehmen, um sich zumindest notdürftig zu akklimatisieren.

Das Visitor-Center hatte solch interessante Ausstellungen zu bieten, dass uns die halbe Stunde wie im Flug verging. Schon ging's weiter auf der Schotterpiste Richtung Gipfel, wobei wir froh darüber waren, mit einem Allradfahrzeug unterwegs zu sein. Die Piste führte uns durch eine beeindruckende Mondlandschaft, keinesfalls das, was mir bei dem Begriff »Hawai'i« als erste Assoziation in den Sinn gekommen wäre. Wir fuhren an verschiedenfarbigen Aschekegeln und wieder an alten Lavaströmen vorbei und arbeiteten uns Meter um Meter zum Gipfel vor. Dort befinden sich mehrere weltberühmte Observatorien. Wegen ihrer expo-

Mauna Kea

nierten Lage und der klaren, unverschmutzten Luft kann man hier 90% des sichtbaren Universums beobachten. Selbstredend stehen die Wissenschaftler Schlange, um Arbeitszeit zu ergattern. Da die Arbeit in dieser der Höhe sehr anspruchsvoll ist, befindet sich das mit den Observatorien vernetzte Kontrollzentrum am Fuß des Berges in etwa auf Meereshöhe. So können die Beobachtungsergebnisse ohne Beeinträchtigung durch die Höhe ausgewertet werden.

Von den Observatorien führt ein kurzer Weg zu einem noch etwas höher gelegenen Aussichtspunkt. Unter normalen Bedingungen sicher nicht länger als zehn Minuten Gehzeit, in dieser Höhe brauchten wir allerdings dreißig.

Wobei nur Reiner, Corinna und ich den Weg antraten, Silke und Ulrike hatten leichte Höhenprobleme und Uwe schaute nach ihnen.

Auch uns dreien ging ganz schön die Pumpe bei dem letzten Anstieg. Der Ausblick war allerdings die Mühen wert und wieder mal superb. Eine Mondlandschaft, wie sie im Buche steht, mit ein paar restlichen Schneeflecken. Ein tolles Panorama.

Für den Rückweg bat Uwe als Fahrer darum, dass jemand ihn als Beifahrer unterstützt, der noch richtig fit ist, keine Müdigkeit und keine Probleme mit der Höhe verspürt. Falls er selbst Schwierigkeiten mit der dünnen Luft bekommen sollte, müsste der Beifahrer eingreifen können. Dazu erklärte ich mich bereit. Kaum waren wir gestartet, schliefen außer uns beiden tatsächlich alle im Auto, da forderte der Aufenthalt in dieser Höhe doch seinen Tribut. Ich hatte damit überhaupt keine Probleme, war quietschwach, aber ich schätze, das lag überwiegend an der emotionalen Ausnahmesituation, in der ich mich an diesem Tag befand. Ich würde nicht drauf wetten, dass sich das so einfach wiederholen lässt.

Ein ganzes Stück unterhalb des Gipfels, aber noch weit oberhalb des Visitor-Centers trafen wir auf zwei Wanderer am Rand der Piste. Das Pärchen hatte versucht, den Mauna Kea vom Visitor-Center aus zu Fuß zu erklimmen, sich dabei aber völlig verkalkuliert. Sie hatten weder genügend Proviant noch Getränke dabei und einer der beiden litt unter den Symptomen der Höhenkrankheit. Wir hielten natürlich sofort, rutschten zusammen und nahmen sie an Bord. Wir teilten unsere restlichen Vorräte mit ihnen und beeilten uns, tiefer gelegene Gefilde zu erreichen. Das hätte auch schiefgehen können. Der Wanderweg führt nicht immer an der ohnehin wenig befahrenen Straße entlang und die beiden hatten es mit letzter Kraft dorthin geschafft.

Auch wir kamen rechtschaffen müde, aber gesund und munter wieder in unserem Hotel an.

Auch der nächste Tag begann wieder ordentlich früh. Wie gestern trafen Uwe und ich uns frühmorgens zum Work-out. An diesem Tag hatte das Studio auch tatsächlich so früh geöffnet, das hatten wir extra noch mal in Erfahrung gebracht, sodass wir volle zwei Stunden zur Verfügung hatten. Die wir auch ausnutzten und gemeinsam trainierten. Da Uwe Sport studiert hat und sich trainingsphysiologisch bestens auskennt, war es für mich eine Lehrstunde in Sachen Trainingsmethodik. Ich bekam genaue Anweisungen, welche Übungen ich wie oft und in welchem zeitlichen Abstand machen sollte, um die Kraft-Ausdauer zu verbessern. Mein Ziel war es eigentlich, für mein sportliches Hobby – Volleyball – Schnellkraft zu trainieren. Ich musste mir dann allerdings sagen lassen, dass Schnellkraft erst der zweite Schritt ist und vorher erst Kraft-Ausdauer bzw. Maximalkraft trainiert werden müsse. Aha. Na denn. Ich war zu allen Schandtaten bereit und kämpfte mich auch tapfer durch sämtliche Übungen, die er für mich vorbereitet hatte. Jeweils 5 Sätze mit 15 Wiederholungen. Von Rückenübungen bis Oberarmtraining war alles vertreten und machte größtenteils sogar ziemlichen Spaß.

Es waren allerdings auch ganz furchtbare Übungen dabei, vor denen ich mich bisher immer erfolgreich gedrückt hatte … Am heftigsten war die letzte Übung: Beinstrecker. Ich hasse diese Maschine, weil ich die Übung einfach nicht kann. Aber kneifen wollte ich nun auch nicht, das ließ mein Ehrgeiz nicht zu. Also nahm ich den Splint für die Gewichtseinstellung ganz heraus, sodass nur das geringstmögliche Gewicht eingestellt war und ich nur noch eine Scheibe aufliegen hatte. Aber selbst mit diesem geringen Gewicht quälte ich mich noch ohne Ende. Uwe stand immer zählend dabei und versuchte, sein Grinsen zu verbergen, während ich mit einem Kopf, rot und dampfend wie ein Wasserkessel, zum fünften Satz schritt, bzw. wankte. Zwei Tage später kam dann auch sein Kommentar dazu: »Mensch Siggi, dein Beinstrecker ist ja echt gigantisch. Ein Wunder, dass du mit dem Muskel Treppensteigen kannst, ohne dass er unter dir zusammenbricht!« Zu dem Zeitpunkt konnte ich darüber schon wieder lachen. Hätte er mir das in der akuten Situation erzählt, wäre ich ihm vermutlich an die Gurgel gesprungen (wenn das denn mein minderbemittelter Muskel zugelassen hätte und nicht bei dem Versuch unter mir zusammengebrochen wäre).

Man glaubt es nicht, wie viele nette Leute morgens um die Uhrzeit schon sportlich aktiv sind und dort im Gym rumspringen. Aber immerhin ist ja Kona auch der Austragungsort des alljährlichen Ironman-Triathlons und dazu gehört natürlich auch jede Menge Training. Übrigens haben die Triathleten, die sich das antun, meinen allergrößten Respekt. Die Bucht von Kona, wo der Schwimmwettbewerb stattfindet, ist alles andere als ein spiegelglatter Ententeich. Da hätte ich schon meine liebe Not, gegen die Wellen überhaupt vorwärtszukommen und nicht unterzugehen. Die Rad- bzw. Laufstrecke führt durch erstarrte Lavafelder, auf die die Sonne gnadenlos herniederbrennt. Die Luft flirrt und flimmert in der Hitze und oft weht auch noch heftiger Wind, also wirklich kein Kindergartengeburtstag. Ich kann mich nur wiederholen: Ich verneige mich vor jedem, der einen Triathlon dort übersteht. Schon alleine ins Ziel zu kommen ist eine unglaubliche Leistung.

Kiholo Bay – Idefix und Kokosnuss

Beim Gedanken an die Triathlon Rad- und Laufstrecke fällt mir ein Ausflug mit Lore und Friedel ein. Er führte uns zur Kiholo Bay. Dazu fuhren wir von Kona aus in nördlicher Richtung auf dem Queen Ka'ahumanu Highway, kurz Queen K Highway genannt. Er ist Teil der Wettkampfstrecke. Neben der Straße auf dem schwarzen Lavagestein haben jede Menge Menschen mit weißen Korallensteinen Wünsche und Anfeuerungen an die Athleten, Liebesgrüße oder einfach ihre Seelenzustände verewigt. Jedenfalls parkten wir unseren Wagen auf dem breiten Seitenstreifen des Highways, bewaffneten uns mit Bade- und Schnorchel-Klamotten sowie dem obligatorischen Fotoapparat und schlugen uns nach der Beschreibung im Reiseführer in die Büsche. Nach einer kleinen Wanderung von ungefähr dreißig Minuten gelangten wir ans Meer und liefen an der Küste entlang zur Kiholo Bay. Die Küstenlinie besteht hier aus vielen kleinen Buchten, von denen aus man baden konnte. In der Mitte der Lagune waren zwei aus Lavagestein bestehende Inseln, wohl eigentlich die Reste der Umrandung eines riesigen Fischteiches. Das Ganze sah schon ziemlich pittoresk aus und es gab dazu noch eine weitere Besonderheit: Vom Grund der Lagune perlt Süßwasser aus diversen Quellen nach oben. Das Witzige daran ist, dass die obere Wasserschicht aus kälterem Süßwasser besteht, während sich darunter die wärmere Meerwasserschicht befindet. Wenn man also beim Schnorcheln nahe der Oberfläche kalte Füße bekommt, braucht man sie zum Aufwärmen nur ein bisschen weiter nach unten baumeln zu lassen. Scheint demnach so, als wäre Salzwasser schwerer als Süßwasser. Ups, wohl wieder mal was aus dem Physikunterricht vergessen. Na ja, manchmal braucht man einfach einen praktischen Feldversuch, um sich die Dichte der verschiedenen Flüssigkeiten merken zu können. Und wo könnte man Physik *angenehmer* (oh, schon wieder dieses Wort ...) auffrischen als am Strand von Hawai'i???

Wir paddelten ein bisschen herum, erkundeten die Inseln und schnorchelten ein wenig. Okay, das Schnorcheln dort war nicht sooo ergiebig. Durch das nach oben perlende Süßwasser und die dadurch aufgewirbelten Schwebstoffe war das Wasser etwas trüb und ich kann mich nicht erinnern, auch nur einen einzigen Fisch gesehen zu haben – sehr ungewöhnlich vor Hawai'i. Auch der Meeresboden bestand nicht aus interessanten Korallen, sondern aus einer Art feinem Kies, man hätte also die Taucherbrille getrost zu Hause lassen können. Aber wenn sich schon unter Wasser kein Tier blicken lässt, dann beschäftigen wir uns doch einfach mit der Fauna an Land.

Den Weg zur Kiholo Bay hatten an diesem Vormittag außer uns nur wenige Leute gefunden. Ein Pärchen hatte einen kleinen Hund dabei. Stellt euch Idefix von Asterix und Obelix vor und ihr wisst exakt, wie er aussah. Ein ganz süßes Kerlchen. Also dieser Kleine verbuddelte ständig eine halbe Kokosnussschale und wollte, dass man sie ihm wieder aus dem Sand holt und zum Apportieren ins seichte Wasser wirft. Reiner fand das superklasse und warf die Schale ein ums andere Mal. Idefix (keine Ahnung, wie der Hund wirklich hieß) spurtete immer begeistert los und holte sie brav wieder. Mit der Schnauze fassen konnte er das große Ding zwar nicht, aber er schubste, zerrte und schob es immer tapfer so lange vor sich her, bis es vor Reiners Füßen lag. Apropos Schnauze: Hier konnten wir uns nun live davon überzeugen, dass auch auf Hawai'i die Hunde nicht mit dem Schwanze bellen ...

Irgendwann fing das kleine Kerlchen vor Nässe ganz furchtbar an, zu frieren und zu zittern. Also kam mein werter Mann auf den glorreichen Gedanken, man könne ja aus dem hawaiianischen Idefix einen deutschen Lawinensuchhund machen. Er begann sofort mit dem Training, indem er die Kokosnuss jetzt an Land verbuddelte und Idefix suchen und sie wieder ausgraben sollte. Ha, ha! Anscheinend hatte das Hündchen nicht genügend Bernhardiner-Gene im Stammbaum oder nicht genügend Rum im Fässchen ... Sobald die Nuss im Sand nicht mehr zu sehen war, konnte er sie nicht mehr finden. Trotz der engelhaften Geduld meines Mannes schlugen sämtliche Versuche fehl.

Schließlich schlug er sich den Gedanken aus dem Kopf, Idefix innerhalb eines Vormittags zum zertifizierten Kokosnuss-Schnüffel-Hund zu machen. Aber alle Beteiligten, und natürlich auch alle Zuschauer hatten einen Heidenspaß dabei. Vor allem, weil sich bei dem Paar Reiner – Idefix doch gewisse Parallelen zu Obelix und seinem Paradehund finden ließen.

Reiner kann nämlich Hinkelsteine, ganz wie Obelix, auch ohne Zaubertrank tragen. Und gegen einen gepflegten Wildschweinbraten hat er natürlich auch nichts einzuwenden.

Nach diesem Ausflug steuerten wir einen Supermarkt an, um uns mit ein paar Lebensmitteln und Getränken für das Abendessen zu versorgen. Danach sollte es schnurstracks zurück zum Hotel gehen, denn der Hunger war groß. Das war uns allerdings nicht sofort vergönnt.

Nachdem wir unsere Einkäufe verstaut hatten, parkten wir rückwärts aus – und wurden plötzlich durch ein äußerst unangenehmes Krachen und Knirschen aufgeschreckt. Der Fahrer des Wagens aus dem gegenüberliegenden Parkplatz hatte unglücklicherweise zur selben Zeit dieselbe Idee gehabt. Beide Fahrer hatten den jeweils anderen nicht auf dem Radar gehabt. Ergebnis: Crash. Unser Van gegen einen hochgebockten Duster, ein richtiges Muscle-Car mit sattem Sound. Stoßstange gegen Heckklappe. Am Duster war kein Schaden entstanden, die Rückwand unseres Vans aber hatte eine deutliche Beule abbekommen. Was nun tun mit einem Mietwagen? Bisher waren wir Gott sei Dank noch nie in eine solche Situation geraten.

Der junge Fahrer kam von der Arbeit als Bäcker in dem Supermarkt, trug weiße Klamotten und blau gefärbte Haare und sah echt schillernd aus. Die kleine Karambolage nahm er ziemlich gelassen und rief auf unsere Bitte die Polizei, während wir in unserem Mietvertrag nachlasen, wie wir uns in einem solchen Fall verhalten sollten. Just als der Streifenwagen eintraf, hatte ich in den Papieren gefunden, dass wir ein polizeiliches Protokoll anfertigen lassen mussten. Was dann auch geschah, unsere Daten wurden aufgenommen (mein Gott, wie übersetzt man denn auf die Schnelle »Landrat des Main-Kinzig-Kreises« aus dem Führerschein???) und wir erhielten unseren Report. Ich glaube, wenn ich nicht so aufgeregt gewesen wäre, hätte ich auch besser genießen können, dass die zwei hawaiianischen Officers in ihren Uniformen ganz schön adrett aussahen …

Nachdem unser Adrenalinspiegel wieder halbwegs normale Werte erreicht hatte, überlegten wir, ob wir nun die Mietwagenfirma telefonisch informieren oder kurz dort vorbeifahren sollten. Einstimmig beschlossen wir, die Angelegenheit persönlich zu regeln, bis zur Vermietstation am Flughafen waren es nur ungefähr zehn Kilometer. Vor Ort kann man die Unfallmeldung mit Händen und Füßen ergänzen, das gestaltet sich beim Telefonieren doch deutlich schwieriger.

Eine gute Entscheidung, denn dort angekommen, eröffnete man uns, dass wir das Fahrzeug aus versicherungstechnischen Gründen nicht behalten könnten, obwohl es noch fahrtüchtig war. Also gut. Wir bekamen kurzfristig ein Austauschfahrzeug, packten unsere Klamotten um und konnten wieder starten. Man erklärte uns, dass der Schaden an die Versicherungsgesellschaft weitergeleitet würde und wir uns keine Gedanken machen sollten; das Wichtigste wäre, dass niemand zu Schaden gekommen sei. Keinerlei Vorwürfe. Das nenne ich prompte Abwicklung, da kann man echt nicht meckern. Viel problemloser als befürchtet.

Kajaktour durch die Kealakekua Bay zum Captain Cook Monument

Gar nicht weit südlich von Kona liegt die Kealakekua Bay, die wir gemeinsam mit Flo erkundeten. Dort befindet sich das Captain-Cook-Monument, ein weißer Obelisk, der 1874 von britischen Seeleuten als Denkmal an der Stelle errichtet wurde, an der Captain Cook 1779 ums Leben kam.

Im Januar 1778 entdeckte Captain Cook die Insel Kaua'i, obwohl er an dieser Stelle kein Land erwartet hatte. Er war eigentlich auf dem Weg nach Alaska, um nach der Nordwest-Passage, dem Seeweg zwischen Pazifik und Atlantik zu suchen. Zu Ehren von John Montagu, dem 4. Earl of Sandwich und Förderer von Cook nannte er Hawai'i die »Sandwich-Inseln«. Auf dem Rückweg im November 1778 kehrte er nach Hawai'i zurück, ohne die Nordwest-Passage gefunden zu haben. Er landete auf Big Island, in der Kealakekua Bay, in der gerade ein Fest zu Ehren des Fruchtbarkeitsgottes Lono abgehalten wurde. Den Hawaiianern muss es höchst merkwürdig erschienen sein, dass ausgerechnet während dieser Zeremonie die seltsam anmutenden Fremden mit heller Hautfarbe und allen möglichen technischen Errungenschaften auftauchten. Ob da wohl Göttliches im Spiel war? Aber spätestens, als ein Matrose aus Captain Cooks Mannschaft verstarb und an Land beerdigt wurde, stellten die Hawaiianer fest, dass auch die Briten sterblich und somit keine Götter waren. Kurze Zeit nach der Beerdigung des Matrosen stach Captain Cook wieder in See, musste aber wenig später wegen eines beschädigten Mastes umkehren und lief erneut in die Kealakekua Bay ein. Die Bucht war allerdings mittlerweile nach Beendigung des Festes für »Kapu« erklärt worden war. »Kapu« hat eine ähnliche Bedeutung wie »Tabu«, es heißt so viel wie »geheiligter Ort«, »unantastbar« bzw. »betreten verboten«.

Ihre Rückkehr stieß bei den Hawaiianern auf Unverständnis und Unmut. Es kam zu mehreren Unstimmigkeiten, die letztendlich in ein Handgemenge am Strand mündeten, während dem

Captain Cook im Februar 1779 niedergestochen und tödlich verletzt wurde. Er wurde im Rahmen einer Seebestattung in der Bucht beigesetzt.

Jetzt muss ich allerdings gestehen, dass uns nicht die historischen Ereignisse und auch nicht das Denkmal an diesen Platz zogen. Es war eher ganz profan die Aussicht auf eine spannende Kajak-Tour und ein hochgepriesenes Schnorchel-Revier. Und tatsächlich, es wurde ein perfekter Vormittags-Ausflug. Auf dem Weg Richtung Süden fanden wir einen Kajak-Verleih, bei dem wir auch ein »Triple« mieten konnten.

Die Sitzverteilung im Kanu hatte nämlich im Vorfeld schon für reichlich Diskussionsstoff gesorgt und uns auch ein bisschen Sorge bereitet. Bisher waren Reiner und ich nur Kanadier gefahren, und auch das mehr schlecht als recht. Wer sich an meinen Bericht aus British Columbia erinnert, wird wissen, wovon ich spreche. Damals hatten Reiner und ich unsere ganz speziellen Erfahrungen im Umgang mit dem wilden Tier namens Kanu gemacht. Unsere ersten Versuche in Kanada waren einfach grausig und mündeten in eine mittlere Ehekrise. Wir schafften es einfach nicht, in die gewünschte Richtung zu paddeln, bis wir endlich kapiert hatten, dass unsere große Gewichtsdifferenz die Ursache für unsere Probleme war. Letztlich mussten wir damals das Kanu umdrehen, Heck voran (die Sitzbänke im Kanadier sind unterschiedlich weit vom Ende des Kanus entfernt), um einen gewissen Ausgleich zu schaffen. Erst dann gelang es uns, halbwegs in die Richtung zu paddeln, in die wir wollten.

Florian hatte überhaupt noch keine Erfahrung in Sachen Kanufahren. Also überlegten wir, es wäre das Beste, wenn wir alle drei ein Boot nehmen und es gemeinsam versuchen. Tatsächlich hatte der Bootsverleih auch ein Kajak für drei zur Verfügung, das wir auf das Dach unseres Mietwagens schnallten und zur Anlegestelle am Napo'opo'o-Beach brachten.

Schon während wir das Kajak zu Wasser ließen, konnten wir von der Kaimauer aus sehen, dass es hier vor bunten Fischen nur so wimmelte. Wir waren sehr gespannt, was uns dann erst am Captain Cook Monument erwarten würde. Die Fahrt dorthin gestaltete sich unerwartet problemlos. Mit Reiner als dem Schwersten in der Mitte, Flo als »Motor« vorne und mir als Steuerfrau hinten klappte es wirklich gut. Wir hatten allerdings auch beste Bedingungen, also wenig Wind, das Meer war ruhig und so dauerte es nur ungefähr eine knappe Stunde, bis wir unseren Landeplatz erreichten. Das Anlanden selbst war ein bisschen schwieriger, weil die Strömung zwischen den Felsen das Wasser ziemlich unruhig machte, aber letztendlich bekamen wir es hin. Wir zogen das Kajak an Land, packten unsere Rucksäcke mit den Schnorchel-Sachen und dem Proviant und spazierten den kurzen Weg bis zum Denkmal durch den Wald. Die Alternative zu dem Bootstrip ist übrigens eine Wanderung, die allerdings auf zwei Meilen knapp 400 Höhenmeter überwindet.

Nachdem wir kurz das Denkmal angeschaut und uns mit den mitgebrachten Sandwiches gestärkt hatten, schnallten wir die Flossen an und hopsten ins Wasser. Auch hier wieder zuerst Reiner und ich, während Flo die obligatorische »Hai-Frage« stellte, die wir – wie immer – mit »Ja« beantworteten. Fünf Minuten später gesellte er sich dann aber doch zu uns, als er unsere begeisterten Zurufe nicht mehr ignorieren konnte. Die Unterwasserwelt ist hier wirklich einmalig. Jede Menge bunte Fische unterschiedlichster Art, dazu Korallen und das alles in direkter Umgebung der Anlandestelle. Wir konnten uns kaum sattsehen. Im Verlaufe des Vormittags kamen dann auch einige Ausflugsboote, die geführte Touren zu diesem Schnorchelplatz anboten und vor der Küste ankerten. Wir waren dann also nicht mehr allein – es war aber trotzdem nicht überfüllt.

Dann hatten wir noch ein richtiges Gänsehauterlebnis. Reiner und ich schwammen ein Stück in die Bucht hinein und plötzlich wurde es unter uns richtig tief. Bisher hatten wir noch Steine, Korallen, jede Menge Fische und anderes Meeresgetier sehen können, aber von jetzt auf gleich sackte quasi der Meeresboden ins Unendliche weg und unter uns war nur noch »the deep blue«. Für uns beide ein beängstigendes Gefühl. Ich hatte sofort Bilder davon im Kopf, was jetzt aus der Tiefe nach oben schießen, mich packen und nach unten ziehen könnte und ich glaube, Reiner ging es ähnlich. Wir hatten beide nicht den Mut, über die Abbruchkante zu schwimmen. Richtig seltsam und rational überhaupt nicht nachvollziehbar, aber ich hatte wirklich das Gefühl, wenn ich über diese imaginäre Linie schwimme, unterzeichne ich mein Todesurteil. Drastische Worte, aber gegen solche Gefühle kommt man manchmal nicht an und so drehten wir wie auf ein geheimes Kommando um und schwammen langsam wieder zum Strand zurück.

Danach machten wir das Kajak wieder startklar und paddelten zurück. Dabei vergaß Reiner sein Lieblings-Muscle-Shirt, das er am Anlegeplatz an einen Ast gehängt hatte. Wenn also jemand zufällig dort vorbeikommt und es noch dort hängt: bitte einfach mitbringen. Es ist aus Flanell, schwarz-weiß kariert, ohne Ärmel und hat Größe XXL ...

Als wir unser Kajak zurückgegeben hatten, blieb immer noch der komplette Nachmittag zur Verfügung. Den nutzten wir zu einem erneuten Schnorchel-Stopp am Kahalu'u-Beach. Der Zeitpunkt dafür war allerdings ein wenig unglücklich gewählt, denn der Strand war ziemlich überfüllt. Die Passagiere eines Kreuzfahrtschiffes auf Landgang bevölkerten den Strand, alle zu erkennen an ihren gelben Bändchen am Handgelenk. Aber trotz des Rummels hatte Kahalu'u Beach seine Reize und war den Stopp wert. Denn es gab jede Menge Schildkröten zu beobachten, die direkt im flachen Wasser Seegras abweideten und sich auch an unserer Anwesenheit nicht störten. Anschließend schauten wir uns noch kurz die direkt daneben befindliche winzige St. Peter's Catholic Church an. Obwohl nur vielleicht zehn Personen darin Platz finden, ist diese Minikirche ein richtiges Kleinod. Sie war offen und so konnten wir uns in Ruhe darin umsehen. Der Eingang liegt an der Straße, die Rückseite ist dem Meer zugewandt und besteht aus Glas, das mit Ornamenten verziert und teilweise milchig ist. Die mittlerweile tief stehende Sonne erzeugte faszinierende Lichtreflexe in dem stillen Raum, kleinste Staubteilchen schwebten auf Lichtsäulen, die ganze Kirche war in ein unwirkliches Licht getaucht. Hier hätte ich mir wirklich vorstellen können, in ganz stimmungsvollem Ambiente zu heiraten (wenn wir das nicht schon Jahre zuvor in Deutschland getan hätten ...).

Pu'uhonua o Honaunau – Einblicke in Kultur und Geschichte

Auch der nächste Halt war von der Aura des Ortes her etwas ganz Besonderes und ist schwer zu beschreiben. In der Nähe gibt es nämlich ein Heiau, dass sich Pu'uhonua o Honaunau nennt. Oder etwas einfacher für unsere Zungen »City of Refuge«, also »Zufluchtsstätte«. Ein Heiau ist eine heilige Stätte, ein Tempel der alten Hawaiianer. Bauweise und Größe sind höchst unterschiedlich, je nachdem, welchen Zweck das Heiau erfüllen sollte. So gab es zum Beispiel Heiltempel oder Tempel, in denen um reiche Ernte, um Regen oder auch um Kriegsglück gebeten wurde. Um näher zu erklären, was es damit auf sich hat, muss ich etwas ausholen und die frühere Lebensweise auf den Inseln kurz erläutern.

Die Hawaiianer lebten nach dem »Kapu-Prinzip«, davon habt ihr ja im Zusammenhang mit der Geschichte von Captain Cook schon gehört. Das heißt, verschiedene Sachen waren mit einem »Kapu«, einer Art Tabu belegt, das nicht gebrochen werden durfte. Ein »Kapu« gab es zum Beispiel dafür, dass die Frauen nicht mit den Männern zusammen essen durften, »Kapu« war auch, auf den Schatten zu treten, den ein Ali'i, ein Adeliger warf. Es gab jede Menge dieser Richtlinien. Wenn man sie verletzte, gab es für gewöhnlich nur eine Strafe, egal, welchen Vergehens man sich schuldig gemacht hatte: die Todesstrafe. War das Vergehen schwer genug, konnte sogar die ganze Familie exekutiert werden. Da man glaubte, dass sich die Götter für Verstöße gegen die Regeln mit Flutwellen, Erdbeben oder anderen Naturkatastrophen rächen würden, war man bestrebt, den Verursacher schnellstmöglich seiner Strafe zuzuführen.

Man hatte als »Kapu-Brecher« allerdings die Möglichkeit zu versuchen, vor seinen Häschern das Heiau, die »Zufluchtsstätte« zu erreichen und sich vom dortigen Priester, dem Kahuna, Asyl gewähren und nach verschiedenen Zeremonien Absolution erteilen zu lassen. Dann konnte man ein neues Leben ohne Schuld beginnen.[4]

---

4 vgl. Hawaii the Big Island Revealed: The Ultimate Guidebook von Andrew Doughty

Jedenfalls wurde das Pu'uhonua o Honaunau als solcher Zufluchtsort genutzt. Noch heute gibt es dort rekonstruierte hawaiianische Häuser, Tempel und auch ein Mausoleum.

melastmohican © 123RF.com

City of Refuge georgeburba © 123RF.com

Das alles auf sehr gepflegtem Terrain mit alten Fischteichen, einer langen Mauer aus Lavabrocken und jeder Menge Kokospalmen. Dazu gibt es Ausstellungen und auch Vorführungen, die die Lebensweise und Handwerkskunst der alten Hawaiianer veranschaulichen.

Wir waren am frühen Abend dort, kurz bevor der Nationalpark schloss. Man kann dann trotzdem noch dort bleiben, nur die Vorführungen sind beendet und das Personal macht »pau hana« – sprich Feierabend. Das Licht war zu dieser Tageszeit etwas ganz besonderes, die Sonne stand schon ziemlich tief, ein Teil des Himmels wurde von drohenden dunklen Wolken eingenommen, es braute sich ein Regenguss zusammen. Das verlieh diesem Ort etwas ganz Eigentümliches und auf positive Art Mysteriöses.

Er strahlte eine geheimnisvolle Ruhe aus, ich fühlte mich der irdischen Welt entrückt und hatte das Gefühl, ich befände mich in einer Art schillernden Seifenblase. Alle weltlichen Probleme waren plötzlich in weite Ferne gerückt und erschienen ganz unwichtig. Ein solcher Ort mit innerem Frieden und meditativer Ruhe: konservieren, mitnehmen und bei Bedarf im Geiste abrufen. Das war mein spontaner Gedanke. Manchmal klappt das ja tatsächlich.

Wir schlenderten eine ganze Weile durch die Anlage und ließen ihre einzigartige Atmosphäre auf uns wirken. Später erreichten wir den Landungssteg und beobachteten mehrere Schildkröten. Während wir uns neugierig fragten, wie alt denn die Schildkröten wohl sein könnten, gesellte sich einer der Angestellten zu uns. Obwohl die Einrichtung schon geschlossen hatte, beantwortete er mit einer Engelsgeduld all unsere Fragen und half uns sogar, noch weitere Schildkröten ausfindig zu machen, die manchmal wirklich so unscheinbar wie Steine wirkten. Man merkte ihm richtig an, dass er mit Leib und Seele bei der Sache war und die Arbeit ihm so richtig Spaß machte. Wie schön für ihn – und natürlich auch für uns. Eine sehr nette Erfahrung.

Gerade fällt mir noch eine witzige Geschichte ein, sie hat mit dem Heiau zwar überhaupt nichts zu tun, ereignete sich aber auch in Kona, deshalb komme ich gerade darauf. Ich bin ja von Natur aus wissbegierig und mag gerne alles ausprobieren. Im Supermarkt von Kona gab's Drachenfrüchte, die kannte ich noch nicht. Sie sahen von außen mit ihrer schuppigen Haut total witzig aus und rochen auch sehr appetitlich. Da wir mit Florian zusammen ein Appartement mit Küche hatten und uns größtenteils selbst verköstigten, passte das sehr gut. Ich packte die Drachenfrucht ein, schälte sie zu Hause – und bekam dann doch das Hosenflattern. Unter der relativ unscheinbaren Schale befand sich nämlich quietschhimbeerfarbenes Fruchtfleisch mit kleinen schwarzen Kernen. Ich brachte Reiner deshalb dazu, mal schnell im Internet nachzulesen, ob man dieses merkwürdige Obst denn tatsächlich roh essen könne, bevor wir uns völlig den Magen verkorksen würden. Er warf wie gewünscht den Computer an und kam kurze Zeit später mit der Info um die Ecke, dass Drachenfrucht durchaus roh genossen werden könne. Wir schnippelten das Ding in kleine Stücke und kosteten alle davon. Es schmeckte fruchtig, man konnte es aber nicht genau zuordnen. Ein bisschen nach wässriger Erdbeere, ein bisschen nach Birne, ein bisschen nach allem Möglichen. Keine absolute Offenbarung, aber auch nicht so schlecht. Reiner probierte nur einen Happen, fand es nicht so prickelnd und verweigerte dann, Flo nahm ein paar Stücke mehr und ich aß den kompletten Rest.

Nach dem Abendessen ließen wir den Tag im Whirlpool der Appartementanlage angenehm ausklingen. Huch, schon wieder dieses Wort! Plötzlich fing es in meinem Bauch an, wild zu rumoren und kurze Zeit später bewegten sich meine Beine propellerartig in Richtung Zimmer. Ich schoss wie ein geölter Blitz tropfnass durch die Anlage und schaffte es gerade noch rechtzeitig zur Toilette. Uff. Ein, zwei Stunden lang hatte ich mit akutem Durchfall zu kämpfen, Flo dann später die ganze Nacht und Reiner lachte sich halb tot über uns. Wir hatten keine Ahnung, warum uns Montezumas Rache gerade jetzt ereilt hatte, ansonsten hatten wir damit überhaupt keine Probleme. Ungefähr ein Jahr später kam die Erleuchtung. In irgendeiner Zeitschrift fiel mir ein Artikel in die Hände, in dem exotische Früchte vorgestellt wurden, unter anderem auch die Drachenfrucht. In dem Bericht wurde darauf hingewiesen, dass man die Kerne möglichst nicht mitessen sollte, weil sie äußerst verdauungsfördernd wirken würden. Tja, das kann ich wohl bestätigen …

In dieser Appartementanlage war es auch, wo mir ein weiteres »kleines Malheurchen« passierte, das ich bis heute immer mal wieder aufs Butterbrot geschmiert bekomme. Wir hatten vor unserer ebenerdigen Wohnung eine kleine Terrasse, auf die eine große Glasschiebetür führte. Die restliche Seitenwand bestand vollständig aus bodentiefen Fenstern, die mit langen, dunklen Vorhängen versehen waren. Prima, um die Wärme des Tages abzuhalten und des Nachts zum Schlafen für Dunkelheit zu sorgen. Die Terrasse war mit ein paar Gartenmöbeln ausgestattet. Dort saßen wir des Öfteren gegen Abend, wenn wir uns nach den vielen Eindrücken des Tages ein klein wenig erholen wollten. Eines frühen Abends saßen Flo und ich bei einem Glas Wein beisammen, Reiner werkelte noch irgendetwas in der Wohnung, ich erinnere mich nicht mehr genau, was ihn davon abhielt, uns Gesellschaft zu leisten. Flo und ich plauderten miteinander und ließen es uns gut gehen. Ich hatte mein (wohlgemerkt nur halb gefülltes) Glas Wein ausgetrunken und wollte mir in der Wohnung nachschenken, weil dort der Wein im Kühlschrank stand. Nun hatte ich vorher die Gardinen vorgezogen und nur ein kleines Stück ausgespart, durch das ich jetzt eintreten wollte. Ich marschierte also wacker drauflos und – ihr ahnt es sicher schon – zerschellte mitsamt dem Weinglas mit Schwung an der geschlossenen Glasscheibe.

Nein, ich war *nicht* betrunken, aber dermaßen perplex, es muss ein Bild für die Götter gewesen sein. Ich hatte richtig mit dem ganzen Gesicht, Nase voran, an der Tür gebremst. Florian konnte so schnell gar nicht reagieren und mich warnen – und danach nicht mehr aufhören zu lachen. Mir war weiter nix passiert, außer dass die Nase noch drei Tage später heftig schmerzte. Die Glasscheibe hatte einen großen Fettfleck und das Weinglas war zerbrochen. Ansonsten hatten wir keine weiteren Verluste zu beklagen.

Reiner tauchte aus den Tiefen der Wohnung auf und erkundigte sich, was denn das mittlere Erdbeben verursacht habe. Ich fand keine Worte, tastete noch die Nase und den Rest des Gesichtes ab und Flo prustete immer noch und war erst nach einer ganzen Weile imstande, Reiner eine Erklärung zu bieten. Jedenfalls schilderte er die folgenden Tage die Szene immer und immer wieder und wir schütteten uns jedes Mal aus vor Lachen. Reiner wurde immer neidischer, dass er nicht live dabei gewesen war. Herrlich, aber ihr wisst ja, »wer den Schaden hat …«

Volcanos-Nationalpark – Auf Tuchfühlung mit der Lava

So, nun aber zu den gemeinsamen Aktivitäten mit Reiner, Ulrike, Silke und Corinna, nachdem Uwe und ich unseren sportlichen Ehrgeiz morgens schon ausgetobt hatten. Diese standen nach einem ausgiebigen Frühstück mit superleckerem Brotauflauf ganz im Zeichen des aktiven Vulkanismus! Wir fuhren zum Vulcano-Nationalpark und bestaunten als Erstes die Caldera des Kilauea-Kraters. Direkt an dieser Stelle tritt zwar momentan keine Lava aus, aber es steigen trotzdem rundherum schwefelige Dämpfe auf. Man kann den Kilauea-Krater auch durchwandern. Relativ rasch erreicht man dabei einen »Krater im Krater«, nämlich den erkalteten Lava-See des Halema'uma'u-Kraters, der noch etliche Meter tiefer liegt. Ende der vulkanischen Hochphase ist er um einige Meter abgesunken. Seither hebt er sich kontinuierlich wieder, man kann also immer noch davon ausgehen, dass hier die Erde richtig rumort. Auch an seinen Abhängen sieht man helle Ablagerungen, die von schwefeligen Dämpfen herrühren.

Am Rande dieses Lava-Sees werden immer wieder Opfergaben in Form von Blumen oder Obst zur Besänftigung der Vulkangöttin Pele niedergelegt. Der Vulkanismus begleitet die Hawaiianer seit Menschengedenken bis in die heutige Zeit und ist mit all seinen Facetten im täglichen Leben ständig präsent.

Nachdem wir den Halema'uma'u-Krater besichtigt hatten, kehrten wir zur Straße zurück und fuhren weiter. Etwas weiter südlich nahmen wir an einer von einem Ranger geführten Wanderung teil. Er erklärte die verschiedenen Erscheinungsformen der Lava und ihre Entstehung sowie die Flora und Fauna hier im Park.

So erfuhren wir, dass es auf Hawai'i drei verschiedene Lava-Arten gibt: A'a-Lava, Pahoehoe-Lava und Peles Haar. A'a-Lava ist scharfkantig, gezackt, bröckelig und schlackeartig. Als Hesse würde ich sagen, wie ein riesiges Blech mit überdimensioniertem verkohltem »Ribbelkuche« – also Streuselkuchen. Sie fließt langsamer und ist kühler als Pahoehoe-Lava – okay, das mit dem »kühler« ist natürlich relativ. Pahoehoe-Lava hingegen ist dünnflüssiger, sieht aber in etwa aus wie zäher Kuchenteig oder Schokoladenglasur. Sobald die relativ glatte Oberfläche abgekühlt ist, schimmert sie anthrazitfarben. Zu guter Letzt gibt es noch »Peles Haar«, eine besondere Art von Vulkanglas, das wie blondes, menschliches Haar aussieht. Es entsteht dadurch, dass die Lava vom Wind nach oben geweht und auseinandergezogen wird, ist also deutlich seltener zu finden.

Interessant anzuschauen waren auch die merkwürdigen Gebilde am Wegesrand, die wie etwa kniehoch aufgetürmte Wülste mit einem Loch in der Mitte aussahen. Wie uns der Ranger erklärte, ist die Pahoehoe-Lava an diesen Stellen auf einen Baum getroffen, der durch die Hitze verglühte. Die Lava erstarrte während der Zeit schon so weit, dass sie sich wie ein Mantel um den ehemaligen Baum legte und seine Form abbildete.

Die Tour führte uns zu einem kleinen Berg, von dessen Spitze aus wir den aktuellen »Hot-Spot« erkennen konnten. Dort stieg in der Ferne eine Dampfwolke in die Luft. Leider war der Ausbruch doch zu weit entfernt, als dass wir einen Blick auf die Lava hätten erhaschen können.

Spannend ist auch, wie sich die Natur nach einem Vulkanausbruch regeneriert und wie eindrucksvoll die Pflanzen den unwirtlichen Boden für sich zurückerobern. Mitten in der kargen Einöde eines alten Lavaflusses finden sich tatsächlich blühende Blumen, oder auch Ohi'a-Sträucher mit ihren verschiedenartigen Blüten.

Oft befinden sich unterhalb der Lavadecke alte Lavaröhren. Sie entstehen, wenn dünnflüssige, schnell fließende Lava an den Rändern und der Oberfläche schneller erkaltet als in der Mitte. Dadurch entsteht eine Art Kuppel und somit eine Röhre. Wenn der Lavafluss versiegt und Richtung Meer abgeflossen ist, bleibt ein leerer Hohlraum zurück. Die Feuchtigkeit in diesen alten Lavaröhren können Ohi'a-Sträucher mit ihren langen Luftwurzeln zum Überleben nutzen.

Das Leben bahnt sich wirklich immer seinen Weg. Für mich ein untrügliches Zeichen dafür, dass es immer Hoffnung gibt, egal wie schwierig die Situation im Moment auch aussehen mag. Ein bisschen Geduld (bisher nicht meine Stärke, aber ich lerne und übe gerade …) und Zuversicht, dann findet sich mit Sicherheit ein Weg.

Ohi'a lehua

Kilauea-Iki

Mit Florian unternahm ich später eine Wanderung durch einen kleineren Seitenkrater, den Kilauea-Iki. Reiner hatte keine Lust zum Wandern, chauffierte uns aber zum Ausgangspunkt und holte uns auf der anderen Kraterseite auch wieder ab. Dieser Wanderweg ist ungefähr drei Meilen lang und absolut begeisternd. Zuerst führt er durch einen dichten Wald aus wunderbaren Riesenfarnen und Ohia-Bäumen nach unten und von einem Moment auf den anderen findet man sich auf der harschen Lava wieder. Den Boden des Kraters bildet ein erstarrter Lavasee. Die Lava besteht hier aus großen Lavaplatten, die Risse haben oder gar geborsten sind und sich in verschiedenen Schichtungen auftürmen. Es lässt sich relativ gut darauf laufen. Was mir sehr entgegenkam, denn an diesem Tag hatte ich meine Wanderschuhe im Appartement vergessen und es erst auf halbem Weg gemerkt, zu spät, um noch mal umzukehren. Es mussten also meine Sportsandalen herhalten. Ein bisschen unwohl war mir dabei schon, denn ich wollte mir ja nicht die Zehen zerschrammen und mir dadurch den Rest des Urlaubs zerschießen, aber ich hatte keine Wahl und letztlich klappte es auch ganz gut.

Aus den Rissen in den Lavaplatten trat an verschiedenen Stellen Dampf aus, allerdings nicht dramatisch, kaum schwefliger Geruch. Wir hatten keine Probleme beim Atmen. Den Weg selbst musste man allerdings manchmal mehr erahnen, als dass man ihn direkt sehen konnte. Meist war er durch kleine Steintürmchen markiert, aber gegen Ende, als man wieder aus dem Krater herauskraxeln musste, wurde es immer unklarer. Wir schafften es, mussten aber mehr als einmal umkehren, weil der gedachte Weg plötzlich ins Nichts führte und wir so nicht mehr weiterkamen.

Mit der Kanada-Truppe fuhren wir nach der Wanderung mit dem Ranger weiter zum Vulcano-House und zum Visitor-Center, die in exponierter Lage direkt am Kraterrand des Kilauea liegen. Dort gibt es Ausstellungen und Informationsveranstaltungen zu allen Themen rund um den Vulkanismus. Nachdem wir uns im Visitor-Center umgeschaut hatten, setzten wir uns draußen auf ein Mäuerchen am Kraterrand, gönnten uns eine Pause mit unvergleichlichem Ausblick und aßen unsere mitgebrachten Sandwiches.

Frisch gestärkt machten wir uns danach auf den Weg über die Chain-of-Craters-Road zum Meer. Diese Straße führt an der Flanke des Vulkans in großen Serpentinen abwärts bis zur Küste. Das Ende der Straße wird von einem älteren Lavastrom markiert, der sie ab hier unpassierbar macht und quasi im Nichts enden lässt. Witzig ist hier das Verkehrsschild mit der Aufschrift »No Parking«, das aus den Lavamassen noch gerade so herausragt und bestimmt auf Millionen Touristenfotos verewigt wurde, unseres finde ich leider nicht mehr. Jedenfalls entbehrt es nicht einer gewissen Ironie, denn am Ende der Straße ist es mit Parkplätzen wirklich mitunter schwierig. Nachdem wir einen geeigneten Platz für unseren Van gefunden hatten, zogen wir die Wanderschuhe an und kletterten und wanderten auf dem alten Lavastrom eine ganze Weile in Richtung des aktuellen Ausbruchs.

Man konnte die beiden Punkte, an denen die Lava ins Meer floss, anhand der riesigen Wasserdampfwolken deutlich erkennen, aber auch hier leider keine Lava direkt sehen. Zu weit entfernt spielte sich das Geschehen ab. Sehr schade, aber die Eindrücke waren auch so schon imposant genug. Zum einen der tiefschwarze, unebene und teilweise extrem scharfkantige Untergrund, bei dem man sehr genau aufpassen musste, wohin man seine Füße setzte. Wir waren mit unseren Wanderschuhen schon gut gerüstet, denn allen anderen »Salonschläppchen« hätte dieser Boden den Garaus gemacht. Selbst an unseren derben Profilsohlen konnte man später erkennen, wie sehr die Lava ihnen zugesetzt hatte.

Zum Zweiten, weil mit dem Sonnenuntergang die beiden Dampf- und Gischtwolken eine rosarote Farbe annahmen und später bei kompletter Dunkelheit rot glühend erschienen.

Und drittens, weil uns nach Anbruch der Dunkelheit ein Sternenhimmel erwartete, den wir in dieser strahlend hellen Form und Vielfalt noch nie gesehen hatten und der seinesgleichen suchte. Hawai'i hat extrem wenig Luftverschmutzung und der

Volcanos National Park – Neues Land entsteht

Vulcano-Nationalpark liegt auf der Seite der Insel, auf der keine Siedlungen sind. Insofern gibt es auch keine Lichtverschmutzung. Wir waren alle total beeindruckt und legten uns mit dem Rücken auf den Lavaboden, der noch die Wärme des Tages gespeichert hatte, um das Firmament noch eine Weile länger zu bewundern und es uns so gut wie möglich auf die »innere Festplatte« zu brennen. Eigentlich hätte ich dort noch eine ganze Weile länger ausgehalten, aber aus Rücksicht auf die Gruppe wollte ich das Verweilen nicht zu lange ausdehnen. Erst im Auto erfuhr ich, dass es den anderen ebenso ergangen war und wir eigentlich alle noch hätten bleiben wollen. Tja, manchmal hat Kommunikation doch so ihre Vorteile, man müsste sie nur nutzen.

Der Rückweg zu unserem Auto gestaltete sich dann ziemlich abenteuerlich. Wir hatten nicht daran gedacht, Taschenlampen mitzunehmen und in der Dunkelheit auf dem schwarzen Lavastrom lief es sich sehr holperig und unrund. Wir stolperten mehr, als dass wir liefen. Kurzfristig behalfen wir uns mit dem Blitz unserer Fotoapparate, um wenigstens die direkte Umgebung halbwegs sichtbar zu machen. Das war aber auch nur bedingt von Erfolg gekrönt. Also hängten wir uns an ein paar andere Touristen, die mit Taschenlampen ausgerüstet waren und profitierten von deren Beleuchtung. So schafften wir es, heil wieder auf die eigentliche Straße zu kommen. Schade, auch dieser wunderschöne Tag war viel zu schnell zu Ende gegangen.

So, jetzt wird's richtig spannend und wir rücken mit Lore und Friedel der Lava ganz dicht auf die Pelle. Pelle? Oder Pele? Die Feuergöttin? Ganz genau! Während unseres zweiten Trips gab es nämlich die besondere Situation, dass die Lava nicht ins Meer, sondern aus einem Riss in der Kraterwand in eine Senke davor floss und sich dort sammelte. Deshalb hatten wir die einmalige Gelegenheit, direkt an den Lavafluss zu gelangen. Im Visitor-Center erkundigten wir uns zunächst nach den Modalitäten und erfuhren, dass die Chain-of-Craters-Road tagsüber gesperrt ist und erst am späten Nachmittag wieder freigegeben wird. Grund dafür war, dass die Lava in der Dunkelheit besser zu erkennen ist und die Gefahr von daher geringer ist. Außerdem war es durch den aktuellen Ausbruch zu Bränden gekommen und die Löschmannschaften wollten ihren Einsatz ungestört von Touristen durchführen können. Wir schauten uns deshalb tagsüber einige der vielen anderen eindrucksvollen Naturphänomene des Parks an, zum Beispiel die Steam Vents. Das sind Schlote, aus denen schwefelhaltige Gase austreten. Einen kleineren erstarrten Lava-See, eine Lavahöhle und einen kurzen Wanderpfad, den Devastation Trail. Dieser Pfad zeigt, wie der Name schon sagt, sehr eindrücklich, welche zerstörerische Kraft ein Vulkanausbruch entfaltet. Gleichzeitig ist es Balsam für die Augen und die Seele, zu sehen, wie die Natur sich die karge Landschaft zurückerobert.

Am Nachmittag besichtigten Lore und Friedel das Volcano-House und gönnten sich dort einen Kaffee. Währenddessen schliefen Reiner und ich ein Stück im Auto, randvoll mit neuen Eindrücken.

Anschließend hielten wir auf dem Bordstein eines Parkplatzes sitzend Brotzeit mit den mitgebrachten Köstlichkeiten aus unserer Kühlbox und stellten uns gegen Abend in der Autoschlange an, die auf die Freigabe der Straße zum Meer wartete. Obwohl wir uns noch eine ganze Weile gedulden mussten, wurde uns die Zeit nicht lang. Lore deklamierte aus dem Reiseführer und lehrte uns ein paar hawaiianische Worte, während Reiner auf die schräge Idee kam, unseren Van ein bisschen zum Schaukeln zu bringen. Mit seiner muskelgestählten Masse und der Hilfe von uns anderen drei Erwachsenen gelang es uns ganz ordentlich, die Kiste hin und her schwanken zu lassen. Was für ein Gelächter. Vor allem, als die Kinder der Familie im Van vor uns das entdeckten und versuchten, es nachzumachen. Allerdings mit sehr mäßigem Erfolg, da fehlte dann doch das nötige Kampfgewicht. Jedenfalls war's äußerst witzig, wer sagt, dass nur Kinder Unsinn im Kopf haben dürfen? So überbrückten wir mit viel Spaß die Wartezeit, bis ein Ranger alle Fahrer der wartenden Autos zu einer kurzen Einweisung zusammentrommelte und die Bedingungen und Verhaltensmaßregeln erklärte, unter denen es uns erlaubt werden sollte, die

Straße zu befahren und die Wanderung zum aktuellen Lavafluss zu machen.

Und dann ging's endlich los. Wir waren schon ganz zappelig vor lauter Vorfreude und Erwartung. Allerdings machten wir uns keine Vorstellung von dem, was uns tatsächlich erwarten sollte. Nach unseren bisherigen Erfahrungen in den USA mit den oft sehr vorsichtigen Warnschildern, Verboten und Sicherheitshinweisen bzw. gesperrten Bereichen, hätte ich mir nie träumen lassen, *wie* nah wir der Lava wirklich kommen sollten.

Aber eins nach dem anderen. An der Küstenlinie angekommen, hatte ich nämlich erst mal ein kleines Problem. Ein typisch weibliches, könnte man(n) jetzt sagen. Nämlich das dringende Bedürfnis nach einer Toilette, bevor die Wanderung losgehen konnte. Allerdings waren mit uns gefühlte Millionen Autos gleichzeitig auf dem Parkplatz angekommen und die Anzahl der Toilettenhäuschen trug dem in keinster Weise Rechnung. Richtig doof, aber ich hatte keine andere Wahl. Also stellte ich mich in die ellenlange Schlange (die, ich muss es jetzt wirklich zugeben, zu 80% aus Frauen bestand) und übte mich in Geduld. Lore und Friedel starteten schon, während Reiner richtig tapfer war und auf mich wartete. Stunden später – zumindest fühlte sich das so an – konnte auch ich erleichtert loswandern.

Der Weg zur Lava führte zu einem guten Teil über den gleichen alten Lavafluss, den wir aus dem vorherigen Urlaub schon kannten, und stellte mit seiner holperigen und scharfkantigen Oberfläche in der Dämmerung die gleichen Herausforderungen. Der Weg war durch reflektierende Aufkleber markiert, die bei Anstrahlen mit der Taschenlampe (die wir diesmal auch dabeihatten – man ist ja lernfähig) gelb aufleuchteten, ähnlich wie Katzenaugen am Fahrrad. Alles war so gut ausgezeichnet, dass die Orientierung nicht schwerfiel. Allerdings ging es trotzdem nur sehr langsam voran, eben weil der Untergrund so schwierig war, die erstarrte Lava Risse und Verwerfungen aufwies. Vom Ausgangspunkt der Wanderung konnte man schon in der Ferne am Berg rote Stellen sehen, wo die Lava steil bergab floss. In diese Richtung bewegte sich der Weg zunächst, bog aber dann nach links ab. Mein erster Gedanke war, dass wir wahrscheinlich zu einem Aussichtspunkt geleitet werden, um den Ausbruch aus der Distanz beobachten zu können.

Nach etwa einer halben Stunde erreichten wir zu unserer größten Überraschung jedoch die Senke, in die sich die Lava ergoss. Nicht vorbereitet war ich auf das, was uns dort erwarten sollte. Dieses Gänsehauterlebnis kann man kaum beschreiben. Himbeer-Erdbeer-Kirsch-Muffin-Gefühl mit doppeltem Sahnehäubchen: Es gab so viele unterschiedliche Eindrücke, die man schwerlich in Worte fassen kann.

Es herrschte dort ein ganz eigenartiger Geruch. Die Lava bewegte sich zwar nicht schnell vorwärts, erreichte aber doch immer mal wieder trockenes Gestrüpp oder Pflanzen, die sofort in Flammen aufgingen. Der Rauch hing in der Luft, die vor Hitze flirrte. Gleichzeitig wurde die Gluthitze auch noch vom schwarzen Gestein des uns umgebenden alten Lavaflusses reflektiert. Ein Erlebnis, das wirklich alle Sinne ansprach. Man roch und atmete die rauchgeschwängerte Luft, fast konnte man sie schmecken. Man fühlte die Hitze am ganzen Körper, hörte das Knistern der Flammen, wenn dürres Gebüsch kurz aufloderte, und hatte eine surreal anmutende Szenerie vor Augen.

Die Lava selbst hatte bereits eine silbrig graue Oberfläche, weil sie außen schon etwas erkaltet war. Wobei »erkaltet« in diesem Zusammenhang absolut relativ ist. Und jedes Mal, wenn sie sich aufgestaut hatte und sich dann ein Stückchen weiterschob, gab es rot glühende Blasen, die in der Dunkelheit leuchteten wie Eintrittspforten in ein Höllenloch. Ich kann mich wirklich nur wiederholen: ein einmaliges Gänsehauterlebnis. Wir verbrachten dort auch eine ganze Weile völlig fasziniert, sprachlos und in den Bann gezogen davon, dass man hier hautnah dabei sein konnte, wie neues Land, neue Erde geschaffen wurde. Der Schöpfung so nah zu sein … man konnte richtig philosophisch werden.

Und jetzt muss ich noch mal auf »hautnah« zurückkommen. Als wir uns endlich losreißen konnten und uns entschlossen hatten,

Volcanos National Park – Auf Tuchfühlung mit der Lava

zurückzukehren, bewegte ich mich ein paar Schritte in die falsche Richtung. Plötzlich wurde es sengend heiß unter meinen dicken Wanderschuhen. In der Dunkelheit hatte ich nicht bemerkt, dass ich schon den Rand des Lavaflusses erreicht hatte (wir hatten die ganze Zeit ungefähr zwei Meter entfernt gestanden). Da konnte man aber mal jemanden springen sehen. Von Null auf Hundert in Null Komma Nix. Außer leicht angeschmurgelten Schuhen war aber Gott sei Dank nichts weiter passiert, ich hatte noch schnell genug reagiert.

Den Rückweg legten wir fast schweigend zurück. Jeder war mit eigenen Gedanken über das gerade Erlebte beschäftigt und sich dessen bewusst, dass man so etwas Einzigartiges nicht alle Tage sieht. Wir versuchten, die intensiven Eindrücke, die wir mit jeder einzelnen Faser unseres Körpers und unserer Sinne aufgenommen hatten, sacken zu lassen, zu verdauen und so im Gedächtnis zu verankern, dass sie für immer abrufbar sind. Bisher ist das sehr gut gelungen, ich kann mich an den Geruch, die Bilder, die Hitze erinnern, als wäre es gestern gewesen. Ich bin wirklich sehr froh darüber, dass es uns vergönnt war, diesen höchst besonderen Anblick zu erleben!

Möglich war das nur deshalb, weil die Lava auf Hawai'i eine ganz spezielle Zusammensetzung hat, sehr heiß und dünnflüssig ist und dadurch die eingeschlossenen Gase schnell entweichen können. Man kann sich ihr deshalb normalerweise gefahrloser nähern als andernorts. In der Regel sind die Vulkanausbrüche dort nicht explosiv, ohne Lavabomben oder pyroklastische Wolken. Vor einem Besuch empfiehlt sich aber unbedingt eine Nachfrage bei den Angestellten des Nationalparkservices. Sie sind bestens über die aktuelle Situation und Gefahrenlage informiert.

South Point und Wanderung zum Green Sand Beach

Und wieder standen einige Höhepunkte auf dem Tagesprogramm; genau betrachtet reihte sich ständig ein Highlight an das andere. Unseren ersten Stopp machten wir an der St. Benedict's Painted Church. Diese Kirche drohte an ihrem früheren Standort einem Lavastrom zum Opfer zu fallen. Sie wurde daher kurzerhand in einer Großaktion umquartiert. Innen hatte einer der frühen Missionare für seine »Schäfchen«, die nicht lesen konnten, Bibelszenen an Wände und Decke gemalt, um ihnen die Geschichten der Heiligen Schrift nahezubringen. Das war zwar interessant, aber die Bilder von Hölle und Verdammnis waren im Moment nicht geeignet, meine Gemütsverfassung positiv zu beeinflussen. Also schaute ich mich lieber auf dem Außengelände um, das sehr nett angelegt war, bis Ulrike mit der Betrachtung der Kirche fertig war. Auf ihre Initiative war dieser erste Halt zurückgegangen.

Wir krabbelten alle wieder ins Auto und weiter ging's zum Southernmost Point of the USA, dem südlichsten Zipfel des Hoheitsgebietes der USA. Die Straße dorthin verdient diesen Namen eigentlich kaum, sie ist meist einspurig und der Asphalt hat auch schon sehr gelitten.

Sie führt über ein windgepeitschtes, mit hohem bräunlichem Gras bewachsenes Plateau und endet an einer dramatischen Steilküste aus schwarzen Lavafelsen, auf die eine Brandung zurollt, die zum Fürchten ist. Haushohe Brecher und sprühende Gischt, der absolute Wahnsinn. Und wieder einmal nicht gerade das Bild, das man als Erstes im Kopf hat, wenn man das Wort »Hawai'i« hört. Von Palmen und Sandstrand weit und breit keine Spur. Aber umso beeindruckender, die Naturgewalten so unmittelbar zu erleben.

Mit Lore und Friedel verschlug es uns erneut dorthin. Auf dem Weg, ungefähr fünf oder sechs Kilometer vor dem Aussichtspunkt, hielt uns ein junger Bursche an und fragte, ob dies die Straße zum South Point sei. Als wir ihm das bestätigten, fragte er uns, ob wir ihn bis dorthin mitnehmen könnten, er hätte sich verlau-

South Point

fen. Hm, komisch, weit und breit kein Haus in Reichweite. Aber wir sind ja hilfsbereite Menschen, unser Pfadfindergen war sofort aktiviert und wir nahmen ihn an Bord. Dafür kletterte ich auf einen der hinteren Notsitze unseres Vans und überließ ihm den Beifahrersitz. Das Kerlchen war vielleicht 18 oder 19, hatte Wanderschuhe an, Shorts und sonst nix. Dort hinten sitzend erschien es mir plötzlich reichlich suspekt, was er hier so mutterseelenallein, ohne Rucksack, ohne Wasserflasche und Proviant zu suchen hatte. Außerdem hatte ich von unserem letzten Einkaufsstopp mein Portemonnaie auf dem Armaturenbrett liegen gelassen, in seiner direkten Reichweite. Mir wurde schon ganz mulmig bei dem Gedanken, ich beobachtete ihn argwöhnisch und meine Fantasie ging mit mir durch.

Aber weit gefehlt, ich hätte mir überhaupt keine Sorgen machen müssen. Er hatte nur auf eigene Faust eine Wanderung von einem etwas entfernten Aschekegel zur Küste machen und sich dort mit seinen Freunden treffen wollen. Dazu war er frühmorgens aufgebrochen, hatte den direkten Weg verfehlt, bzw. ihn sich kürzer vorgestellt und deshalb weder Proviant noch Getränke mitgenommen. Jetzt war er einfach nur froh und glücklich, dass wir ihn aufgelesen hatten und bei seinen Freunden am South Point ablieferten. Er verabschiedete sich dann auch ganz herzlich von uns und er und seine Jungs winkten uns noch lange nach. Vielleicht sollte ich mein Kopfkino doch manchmal besser ausschalten …

Die Strömungsverhältnisse vor South Point müssen laut Reiseführer so heftig sein, dass, was immer dort ins Meer fällt, einen Freifahrtschein in die Antarktis hat. Klingt ganz schön heftig, aber bei den Bedingungen, die wir dort vorfanden, war ich tatsächlich geneigt, diesen Worten Glauben zu schenken. Unsere Fotoapparate klickten denn auch ein ums andere Mal. Wir konnten auch wieder Mungos beobachten, die sich gegenseitig jagten und herumtollten. Total zerzaust von der steifen Brise, aber glücklich über die neuen Eindrücke, kletterten wir wieder ins Auto und fuhren noch ein kleines Stück zum Ausgangspunkt unserer Nach-

Green Sand Beach

mittagswanderung. Es ging bei glühender Hitze, die man trotz des Windes deutlich merkte, für eineinhalb Stunden an der Küste entlang, bis wir den Green Sand Beach erreichten. Auf dem viereinhalb Kilometer langen Weg dorthin hatte ich einen ziemlichen Durchhänger, mir war es zu heiß, zu anstrengend, mein Muskelkater vom Trainieren machte sich langsam bemerkbar, die lange Latscherei ging mir auf den Wecker und insgesamt war ich ziemlich missmutig.

Das sollte sich allerdings schlagartig ändern, als ich den wunderschönen Strand entdeckte. Er entschädigte wirklich für die ganze Tortur in der Hitze. Er lag in einer Bucht eingebettet in die Felsküste und war nur über einen steilen Abhang zu erreichen. Da ich diesmal keine Wanderschuhe, sondern nur meine Hallenturnschuhe an hatte und der Abhang aus lauter grobem, bröseligem Gesteinsabrieb bestand, war das kein Spaß. Zu guter Letzt setzte ich mich einfach auf den Hosenboden und rutschte hinunter. Für den Rückweg ließ ich die Schuhe gleich ganz aus und barfuß klappte das Hochklettern auch ganz gut. Okay, ab und zu musste der »Allrad« eingeschaltet und die Hände zur Unterstützung bemüht werden, aber im Großen und Ganzen funktionierte es bestens.

Der Strand selbst ist tatsächlich, wie der Name schon sagt, olivgrün und glitzert und funkelt in der Sonne. Die ihn umgebenden Klippen haben Olivin eingelagert, das von der Brandung herausgewaschen wurde und für den Farbton verantwortlich ist.

Außer uns hatten den Weg dorthin nur fünf oder sechs andere Leute gefunden, sodass es sich fast wie unser Privatstrand anfühlte. Die Wellen waren auch hier wieder so mächtig, dass an Schwimmen nicht zu denken war. Selbst unsere starken Jungs zerlegte die Brandung so, dass sie sich an Beinen und Hüfte Abschürfungen holten. Wir tobten trotzdem wie die kleinen Kinder im Wasser herum, natürlich immer nur in Strandnähe und höchstens bis zum Oberschenkel im Wasser. Den Vollwaschgang gab's sowieso wieder mal gratis dazu. Außerdem wurde Silke mit viel Spaß und Hallo mehrfach im Meer versenkt. Anschließend packten wir unsere mitgebrachten Köstlichkeiten aus. Es gab unter anderem wieder frische Ananas, die wir zerteilten und uns auf der Zunge zergehen ließen. Danach ruhten wir uns ein bisschen aus, bevor der anstrengende Rückweg in Angriff genommen wurde.

Ein Stückchen weiter Richtung Kilauea fast direkt an der Hauptstraße gelegen, findet sich ein weiteres Glanzlicht, der Punalu'u Black Sand Beach. Zwar absolut nicht beschaulich und ruhig – zumindest nicht an diesem Tag, denn große Reisebusse spien schon jede Menge Touristen aus, während wir noch nach einem Parkplatz Ausschau hielten. Aber mit seinem schwarzen Vulkansand schon etwas ganz Besonderes. Und was uns dort vor allem so faszinierte, waren jede Menge Schildkröten, die sich direkt in Strandnähe tummelten und im flachen Wasser Seetang abweideten. Man brauchte gar nicht ins Wasser gehen, man konnte sie schon vom Strand aus wunderbar beobachten. Was wir denn auch ausgiebig taten, umgeben von den begeisterten Rufen jeder Menge Japaner.

Hilo und Umgebung – Blütenpracht, Wasserfälle und ein heißer Pool

Big Island hat auch noch eine andere Seite, im sprichwörtlichen wie im buchstäblichen Sinne. Nämlich die Hilo-Seite, sprich die Seite der Insel, auf der die Stadt Hilo liegt. Im Gegensatz zur Kona-Seite ist sie grün, üppig bewachsen, es gibt wundervolle Wasserfälle, allerdings auch jede Menge Regen, mitunter auch Moskitos und der Himmel ist oft bedeckt. Aber wenn man sich darauf einlässt und auch mal einen Tag ohne strahlenden Sonnenschein ertragen kann, ist auch diese Facette der Insel mehr als eindrucksvoll und zumindest einen Ausflug wert. Man kann ja am nächsten Tag wieder auf der Kona-Seite bleiben und Sonne tanken. Wir erkundeten die Hilo-Seite mit Lore und Friedel und auch mit Florian und waren fasziniert von den neuen Erfahrungen. Im Morgenlicht entstanden um die Akaka-Falls wunderschöne Regenbögen, der botanische Garten war eine Offenbarung und der heiße Pool ein Erlebnis der besonderen Art. Aber der Reihe nach.

Lore hatte sich gewünscht, den Hawai'i Tropical Botanical Garden anzuschauen, der sich in der Nähe der Küstenstraße etwas nördlich von Hilo befindet. Um dorthin zu gelangen, ging's von Kona erst mal nordöstlich in die Berge nach Waimea, eine Stadt, die ganz im Zeichen der Parker-Ranch steht, der größten Privatranch der USA. Dort im kühlen, bergigen Grasland hatte es nur knapp 20 Grad, was uns schon zum Frösteln brachte, solch niedrige Temperaturen hatten wir schon eine ganze Weile nicht mehr erlebt. Deshalb hielten wir uns nicht lange auf, sondern fuhren weiter auf die Ostseite der Insel. Da Big Island (wie der Name schon sagt …) deutlich größer ist als die anderen Inseln, dauerte es ungewohnt lange, bis wir in der Nähe von Hilo zu unserem ersten geplanten Stopp kamen, den Akaka-Falls.

Perfektes Timing, denn am späten Vormittag stand die Sonne so in unserem Rücken, dass der Wasserfall durch einen wunderschönen Regenbogen verzaubert wurde. Natürlich klickten die

Akaka-Falls

Fotoapparate wie wild. Außer dem Wasserfall gibt es auf einem kleinen Rundweg jede Menge ursprünglicher Natur zu sehen. Man bummelt unter anderem durch einen wunderschönen Bambuswald und kann die Seele baumeln lassen.

Mit Natur ging's denn auch weiter, denn der nächste Programmpunkt war tatsächlich der Hawai'i Tropical Botanical Garden. Wenn Reiner und ich allein unterwegs gewesen wären, hätte ich ihn bestimmt nicht dazu gebracht, sich mit mir einen botanischen Garten anzuschauen. Da aber sowohl Lore als auch Friedel Interesse daran hatten, stand es 3:1 und er ließ sich dazu breitschlagen. Mit dem unerwarteten Erfolg, dass er total begeistert war und bei Weitem die meisten Fotos schoss. Ja, so kann's gehen. Aber auch wir anderen fanden es nicht weniger schön. Der Park ist ziemlich groß und wunderschön angelegt, aber nicht perfekt gestutzt und künstlich manikürt. Man hat hier mehr der Natur ihren Lauf gelassen, was mich persönlich mehr anspricht. Es gab verschiedene Themenbereiche, in denen die mannigfaltigsten und prachtvollsten Blüten miteinander wetteiferten: so den Orchideengarten, den Seerosenteich, den Heliconiabereich, eine Dschungelecke mit Baumfarnen … alles unglaublich schön. Für solche Blütenpracht muss man in Deutschland Unsummen hinblättern, wenn man sie denn überhaupt bekommt. Die Papageienblumen und Strelitzien waren ein wahrer Augenschmaus. Also, dieser Abstecher hatte sich echt gelohnt.

Mit Flo gönnten wir uns beim nächsten Mal wieder einen Besuch dort. Allerdings hatten wir da das Pech, dass gerade gefühlte Milliarden Moskitos unterwegs waren, wir uns nicht eingesprüht hatten und fast aufgefressen wurden. Beim ersten Mal hatten wir damit überhaupt kein Problem gehabt und insofern keinen Gedanken an ein Insektenschutzmittel verschwendet. Irgendwann nervte es so, dass wir die ganzen tollen Blumen nicht mehr genießen konnten und deutlich schneller zum nächsten Programmpunkt flüchteten als geplant.

Nachdem wir mit Lore und Friedel nach Hilo weitergefahren waren und an einem Picknickplatz am Strand Mittagspause gemacht hatten, stand etwas ganz Besonderes auf unserer Agenda. Ich hatte von einem etwas südlich von Hilo gelegenen, vulkanisch beheizten Pool gelesen, dem Ahalanui-Pool. Dort sollte man unter Palmen und im Angesicht des Ozeans meist ganz allein baden können. Das hörte sich für mich wahnsinnig romantisch und supertoll an, also machten wir uns dorthin auf. Als wir jedoch dort angekommen kaum einen Parkplatz finden konnten, hätte ich ja schon stutzig werden müssen. Aber kein Gedanke, dass unser Geheimtipp vielleicht doch nicht ganz so geheim sein würde. Wir ergatterten nach langem Suchen doch noch einen Parkplatz, schnappten immer noch ganz unbedarft unsere Badeklamotten und schlenderten Richtung Pool. Was uns dort erwartete, übertraf allerdings meine kühnsten Erwartungen! Meine ich das jetzt positiv oder negativ? Ich weiß es selbst nicht. Denn von romantischer Leere keine Spur. Ich hatte nämlich nicht bedacht, dass wir uns ausgerechnet den King Kamehameha Day, einen der höchsten Feiertage für unseren Ausflug ausgesucht hatten. An diesem Tag ist ganz Hawai'i auf den Beinen. Der Platz quoll geradezu über vor Menschen, auch der Pool war stark frequentiert, sodass sogar zwei Lifeguards nach dem Rechten sahen. Also überhaupt nicht das idyllische Fleckchen Erde, das mir vorgeschwebt hatte. Und da war es wieder, das »Schokoladen-Erdbeer-Himbeer-Kirsch-Muffin-Gefühl«.

Das Wasser selbst wird teilweise von einer Quelle und teilweise aus dem Ozean gespeist und hatte wirklich Whirlpool-Qualität, mindestens 30 Grad, was uns die große Fußzehe mitteilte, die wir mal kurz hineinhielten. Ein bisschen schwefelig roch es auch. Wenn man mit einer ganz anderen Vorstellung ankommt, fällt es einem manchmal schwer, sich davon loszumachen. So ging es auch uns und wir konnten uns nicht dazu durchringen, in dem Getümmel baden zu gehen. Dazu fehlte uns einfach die innere Ruhe.

Wir ließen stattdessen die mit pulsierendem Leben erfüllte Szenerie auf uns wirken und schlenderten ein wenig herum. Und jetzt komme ich zum positiven Aspekt des Ganzen. Ein bisschen

»Sahne-Kirsch« war letztendlich doch dabei. Wir gerieten nämlich in den Bann einer Freiluft-Geburtstagsfeier. Jemand feierte seinen 60. Geburtstag dort und es spielte eine tolle Band. Die Gesellschaft selbst war superinteressant anzuschauen. Die Gäste entstammten der Love & Peace-Generation und waren ziemlich witzige Erscheinungen, einer farbenfroher als der andere. Ein richtig buntes Völkchen– jedenfalls aus unserer Perspektive. Sie hatten ein Buffet aufgebaut und ließen es sich so richtig gut gehen. Wir verbrachten dann eine ganze Weile einfach damit, die besondere Atmosphäre dieses Ortes auf uns wirken zu lassen. Manchmal macht man halt auch ganz andere Erfahrungen als erwartet.

Da wir nun etwas Zeit übrig hatten, fuhren wir anschließend auf der kleinen Nebenstraße noch eine Weile weiter, bis sie in dem Lavafluss von 1960 endete, der hier die direkte Verbindung zur Westküste unterbrochen hat. Seither ist es eine deutlich längere Fahrt außen herum. Wir parkten den Wagen und stiefelten eine Zeit lang ein wenig unmotiviert auf der Lava herum. Wir fanden es dort nicht übermäßig spannend und machten irgendwann kehrt, um den langen Rückweg anzutreten. Anscheinend hatten wir an diesem Tag genug neue Eindrücke gesammelt.

So, nun geht's auf nach ...

Kaua'i

Meine Lieblingsinsel! Dort waren wir am längsten – und ganz ehrlich, ich hätte es noch bedeutend länger aushalten können!

Nach einer Zwischenlandung in Honolulu erreichten wir Lihue auf Kaua'i. Kaua'i wird die »Garteninsel« genannt, denn sie ist bedeutend grüner und üppiger bewachsen als die anderen Inseln. Allerdings auch regenreicher und die einzige der hawaiianischen Inseln, die schiffbare Flüsse hat. Wobei »schiffbar« relativ ist. Man darf sich jetzt nicht vorstellen, dass hier Öltanker fahren könnten, aber für Ausflugsboote reicht's zumindest mancherorts.

Schon auf der Fahrt vom Flughafen zu unserem Motel in Kapa'a konnten wir uns einen ersten Eindruck von der landschaftlichen Schönheit dieser Insel machen. Ein kurzer Abstecher führte uns zu den Wailua-Wasserfällen. Sie ergießen sich direkt nebeneinander über einen Felsabbruch zu Tal und waren eine tolle Einstimmung auf dieses grüne Kleinod.

Kleinod für mich auch deshalb, weil die Stimmung hier einfach superentspannt ist. Die hawaiianischen Inseln an sich verbreiten ja schon eine sehr relaxte Atmosphäre, aber Kaua'i setzt noch eins drauf. Hier scheint die Zeit tatsächlich langsamer zu vergehen.

Big Island ist touristisch weitgehend erschlossen; auch sehr bekannt durch den Ironman-Triathlon. O'ahu mit Honolulu/Waikiki ist ein Moloch, Maui ein cooles Surfer-Paradies, aber Kaua'i ist ein Geheimtipp.

Auch unser Motel war eine Oase der Ruhe. Frequentiert vorwiegend von »senior citizens«, sprich von älteren Herrschaften, die meisten sicherlich schon im Rentenalter. Ich schätze, das Mittel lag zwischen 70 und 80 Jahren, Ulrike mit ihren 56 Jahren drückte den Altersdurchschnitt der Gäste rapide, von uns anderen ganz zu schweigen. Und obwohl wir uns anfangs etwas deplatziert vorkamen, gab sich das schnell und wir fühlten uns dort letztendlich sehr wohl. Zudem alle sehr nett waren, speziell, als wir später im hoteleigenen Waschsalon ganz »besondere« Wäsche wuschen. Es gab zwei Pools, die Zimmer waren geräumig und sauber und es lag wunderbar zentral für alle Ausflüge, die wir vorhatten.

Direkt auf dem Nachbargrundstück befand sich außerdem in Laufweite der Coconut Marketplace, ein Einkaufszentrum mit vielen kleinen Läden, Boutiquen und Restaurants. Wir würden also auch nicht verhungern – hätte ich allerdings eh nicht geglaubt. Denn einer der Standardsprüche meines Mannes lautet: »*Ich* lass *mich* nicht verhungern.« Wie gut, dass mich das immer mit einschließt …

So, nun aber zu unseren Aktivitäten. Am ersten kompletten Tag mussten zuerst administrative Dinge erledigt werden. Dazu führte uns der Weg nach Lihue, dem Sitz der Verwaltung von Kaua'i. Dort befindet sich auch die Naturschutzbehörde, bei der wir ein Permit (einen Erlaubnisschein) für eine mehrtägige Wanderung mit zwei Zeltübernachtungen auf dem Kalalau-Trail beantragten. Die Tour hatten wir ein paar Tage später geplant. Die Anzahl der Personen, die täglich auf diesem Küstenpfad zugelassen wird, ist aus Umweltschutzgründen strikt limitiert. Ein Teil des Trails bis Hanakapi'ai ist als Tagestour möglich und ohne Beschränkung zugänglich, aber jeder, der darüber hinaus wandern möchte, benötigt die entsprechende Erlaubnis. Wir hatten Glück und bekamen die Permits ohne Probleme ausgestellt. Außerdem wurden wir über die Besonderheiten dieser Tour, die Verhaltensregeln und notwendigen Vorbereitungsmaßnahmen aufgeklärt. So sind auf dem Weg zum Beispiel mehrere kleine Wasserläufe zu überqueren, die eventuell durch Leptospirose-Bakterien verunreinigt sein können. Man soll also möglichst nicht mit offenen Wunden durch die Flüsse waten. Auf dem gesamten Trail steht kein Trinkwasser zur Verfügung. Man muss sich also um die Wasseraufbereitung kümmern und Filter bzw. Entkeimungstabletten mitnehmen. Und natürlich darf man keinerlei Müll hinterlassen, alles, was man mitbringt, muss man auch wieder mit hinaustransportieren.

Außerdem gibt es keine »Facilities«, wie es so schön amerikanisch heißt. Also kein Kiosk, keine Toiletten, keine Duschen außer dem Wasserfall und vor allem keine Hütten zur Übernachtung. Das war uns natürlich klar, wir hatten das Zelten fest eingeplant. Und obwohl mein Mann vehementer »Anti-Zelter« ist, hatte er sich dazu bereit erklärt. Wer meinen Bericht von unserer Reise durch British Columbia gelesen hat, wird wissen, dass ihm mitunter abstruse Sachen zustoßen, wenn's ums Zelten geht. Da das Zelten hier auf Hawai'i wirklich gefahrlos möglich ist und es zum Beispiel keine Schlangen und keine giftigen Tiere gibt, die sich ins Zelt oder in die Schuhe verirren könnten, waren wir guter Dinge. Also auch hier »Hang Loose«, alles ein bisschen entspannter als in manch anderen Gegenden der Welt.

Was wir letztendlich auf unserer Wanderung auf dem Kalalau-Trail erlebten, gibt's später noch ausführlich. Vorab nur noch so viel, dass die große Tour leider ohne Ulrike und Silke stattfinden musste, da die beiden an die Osterferien gebunden waren und ein paar Tage früher abreisen mussten als wir Übrigen.

Waimea-Canyon – der »Grand Canyon des Pazifiks«

So, nun aber genug über den Papierkram geredet, jetzt geht's wieder in die Natur. Und zwar in eine überaus grandiose. Denn das Ziel unseres heutigen Ausfluges war der Waimea-Canyon, auch der »Grand-Canyon des Pazifiks« genannt. Und tatsächlich, die Gesteinsformationen sind ähnlich, allerdings ist die Ausdehnung wesentlich geringer und der Canyon ist deutlich grüner als sein Pendant im Südwesten der kontinentalen USA.

Wir begannen damit, uns einen Eindruck zu verschaffen, indem wir verschiedene Aussichtspunkte anfuhren. Unter anderem auch den am höchsten gelegenen Aussichtspunkt, von dem man einen unbeschreiblichen Blick ins Kalalau-Valley hat, das Tal, in dem wir demnächst zwei volle Tage verbringen wollten. Zugänglich ist es nur von der anderen Seite der Insel und nur zu Fuß oder in den Sommermonaten, wenn die Brandung nicht zu stark ist, per Schlauchboot. Der Blick hinunter ließ die Vorfreude auf dieses abgeschiedene Fleckchen Erde noch größer werden, als sie nach der Reiseführerlektüre ohnehin schon war.

Waimea Canyon

Kalalau Lookout

Aber der Waimea-Canyon ist viel zu schade, um nur die Aussichtspunkte abzuklappern, obwohl das allein schon überwältigend ist. Und so schnürten wir wieder die Wanderschuhe und begaben uns auf den Kukui-Trail. »Kukui« ist eine besondere hawaiianische Nuss und so war der Trail denn auch von Nussbäumen dieser speziellen Art gesäumt. Es ging ca. 700 Höhenmeter hinunter ins Tal und nach jeder Biegung des Weges eröffneten sich uns immer neue wunderschöne Ausblicke. Es war wirklich ein herrliches Panorama. Ich musste mich zwischendurch immer wieder kneifen, um festzustellen, dass ich nicht träume, sondern das alles wirklich »live und in Farbe« erlebe.

Allerdings war der Pfad kein asphaltierter hessischer Spazierweg, es gab schon einige unwegsame Passagen und auch exponierte Stellen, an denen ich gegen meine Höhenangst zu kämpfen hatte. Als ich mich an einer für mich besonders kritischen Stelle langsam vorantastete, spürte ich plötzlich, wie jemand von hinten den Griff meines Rucksacks packte und mich unterstützte. Uwe hatte mein Problem erkannt und allein seine Hand am Rucksack bewirkte schon, dass ich mich viel sicherer fühlte. So ließ sich auch dieses Stück gut bewältigen.

Ulrike kehrte nach einer Weile um, weil ihr die gesamte Strecke zu anstrengend geworden wäre. Wir anderen setzten unseren Weg nach unten fort und überquerten am Grund des Canyons einen kleinen Fluss, um am gegenüberliegenden Ufer zu rasten und zu picknicken. Corinna rutschte dabei auf einem der Steine im Flussbett aus und stürzte ins Wasser. An sich kein Problem, denn es war ziemlich warm und ich hatte Ersatzwäsche dabei, sodass sie sich umziehen konnte. Allerdings war sie auf dem Weg zum Green-Sand-Beach auf losem Geröll schon einmal ausgerutscht und hatte sich das Knie aufgeschlagen. Die Verletzungen waren noch nicht komplett verheilt, und da die Wasserläufe auf Kaua'i mit Bakterien kontaminiert sein können, wuschen wir das Bein erst mal mit dem mitgeführten Trinkwasser aus. Für die spätere Wanderung mit Flussdurchquerung auf dem Kalalau-Trail verklebten wir die Wunde entsprechend, sodass es zu keinerlei Problemen kam.

Unsere Rast fand dann auf den Ufersteinen unterhalb einer Böschung statt, an der jede Menge Agaven wuchsen, was Uwe zu dem Ausspruch »ganz viel Tequila« veranlasste. Ja, ja, der Mann denkt immer an die essenziell wichtigen Dinge des Lebens.

Der Rückweg war dann richtig knackig, denn die 700 Höhenmeter mussten wir jetzt natürlich wieder hinauf. Da galt es also für jeden, sein persönliches Tempo zu finden. Aber das Panorama, die Landschaft, die Stimmung dort – waren jeden einzelnen Schritt wert.

Nachdem wir Ulrike am Canyonrand wieder getroffen hatten und spätnachmittags zu unserem Motel zurückgekehrt waren, landeten wir, noch ungeduscht und in voller Wandermontur, zur Happy Hour an der Pool-Bar des Nachbarhotels. So, da kam dann wieder das typische Landei durch, denn ich wählte aus dem reichhaltigen Cocktail-Angebot ausgerechnet einen Long-Island-Ice-Tea. Ich, die ich oft schon von einem Mon Chérie angeschwipst bin. »Long-Island-Ice-Tea« klang für mich sehr pazifistisch, denn da muss ja schließlich hauptsächlich Tee drin sein, wie der Name schon sagt. Nach den ersten Schlucken dachte ich, der Tee müsse auf homöopathische Dosen beschränkt sein, der Rest sei wohl Alkohol pur. Mittlerweile weiß ich, dass überhaupt kein Tee drin ist, sondern hauptsächlich Wodka, Gin, Rum, Tequila, Triple Sec, Cola und etwas Zitronen- und Orangensaft. Eine der vielen Entstehungslegenden besagt, dass der Cocktail das Aussehen von Eistee haben sollte, damit niemand das Getränk auf den ersten Blick als Alkohol erkennen konnte. Tja, das ist wohl gelungen und jetzt weiß auch ich es …

Und so hatte der eine Drink nach diesem anstrengenden und sonnigen Wandertag eindeutig zu viele Umdrehungen für mich und ich hatte mir damit so richtig die Lichter ausgeschossen. Für den Rückweg aufs Zimmer fehlte mir die rechte Wegsteuer und so war ich froh über Reiners helfende Hand. Ein einziger Cocktail – und eine solch fatale Wirkung. Das kann auch nur mir passieren. Die Anderen fanden es jedenfalls äußerst amüsant. Auch Corinna, als ich in unserem gemeinsamen Zimmer den Versuch unternahm, mich zu duschen. Ein Hoch auf die Ausstattung unseres Motels, denn selbst in der Badewanne waren überall Haltegriffe angebracht, die mir jetzt sehr zupass kamen. Mit der einen Hand hielt ich mich fest, mit der anderen versuchte ich, mich abzuseifen.

Es muss ein Bild für die Götter gewesen sein. Danach war ich so platt, dass ich ernsthaft überlegte, ob ich überhaupt noch mit zum Abendessen gehen oder mich direkt ins Bett legen sollte. Aber die kulinarischen Genüsse lockten und nach dem Essen ging's mir bedeutend besser.

Wer's denn jetzt unbedingt probieren möchte, hier ist eines der vielen möglichen Rezepte:

Long-Island-Ice-Tea
2 cl Wodka
2 cl weißer Rum
1 cl Triple Sec
2 cl Gin
1 cl Zitronensaft
2 cl Orangensaft
Cola
Eiswürfel

Alle Zutaten bis auf die Cola auf Eiswürfel in einen Shaker geben und gut schütteln. In ein 0,5 Liter Glas abseihen und mit Cola und zerstoßenem Eis auffüllen.

Na, denn Prost, aber Vorsicht, ihr wisst ja … der Erfolg kann durchschlagend sein.

Ein Nachtrag noch zum Waimea-Canyon. Wanderwege gibt es dort wie Sand am Meer, für jeden Geschmack ist etwas dabei. Also schleppte ich auch Florian und Reiner später wieder dorthin und hatte mir den Nu'alolo Trail ausgesucht. Er sollte uns über eine exponierte Klippe zu tollen Aussichtspunkten auf die Na Pali Coast führen. Ich kann nur sagen: Fantastisch! Der Weg war wirklich sehr abwechslungsreich und führte zuerst durch ursprüngliche Wälder, dann über Lichtungen mit herrlichen Blumenwiesen und letztendlich zu den Klippen. Und der Ausblick von dort ist kaum in Worte zu fassen. Am Ende des Trails standen wir auf einer über 600 Meter hohen Klippe und blickten auf das Meer sowie rundum auf jede Menge rasiermesserscharfe Cliffs und auf Täler, in die Wasserfälle stürzten. Weiße tropische Vögel schwebten vorbei. Sehr, sehr beeindruckend!

Wir hatten diese Aussicht ganz für uns alleine, denn so viele Touristen verirren sich nicht hierher, der Weg hat nämlich einen ganz entscheidenden Nachteil: Er führt *erst* nach unten, der Preis für die tolle Aussicht wird also beim Aufstieg fällig.

Wir schwitzten ordentlich, bis wir wieder oben waren. Die Jungs lamentierten bei jedem Schritt und fragten sich laut, wer zur Hölle denn auf die Schnapsidee mit diesem Weg gekommen wäre. Tja, den Schuh musste ich mir wohl anziehen. Danach waren sie auch zu keiner weiteren Wanderung mehr zu bewegen. Das konnte ich allerdings auch verstehen, denn wenn man gegen Ende des Urlaubes so viel erlebt und gesehen hat, kommt irgendwann der Zeitpunkt, an dem man einfach »satt« ist, nix Neues mehr aufnehmen kann und erst mal Zeit zum Verdauen braucht. Ich hätte die Nu'alolo-Cliffs jedoch nicht missen wollen.

Nu'alolo Cliff Trail

Erste Eindrücke vom Kalalau-Trail

Nun war es endlich so weit, wir machten uns auf zum Kalalau-Trail. Wir wollten uns die ersten zwei Meilen anschauen, so weit, wie man ohne Permit wandern darf. Silke und Ulrike sollten zumindest einen Eindruck von der landschaftlichen Schönheit dort bekommen, wenn sie schon nicht den ganzen Weg erleben konnten.

Schon die Fahrt zum Trailhead am Ke'e-Beach war ein Genuss. Wir folgten größtenteils der Küstenlinie und kamen an wunderschönen Stränden vorbei. Diesmal sogar an solchen, die man mit Südsee-Feeling, Sand und Palmen beschreiben kann. Die Straße führte auch durchs verwunschene Hanalei-Valley, eine richtige Postkartenidylle. Man fährt über eine Bergkuppe und hat von dort aus einen ungehinderten Blick auf das Tal mit seinen schimmernden Taro-Feldern. Taro wird wie Reis im niedrigen Wasser angebaut und das schräg einfallende Sonnenlicht zauberte wunderschöne Lichtreflexe auf das Wasser.

Dahinter ist eine grüne und oft nebelverhangene Bergkette, die aus den Kraterwänden eines erloschenen Vulkans besteht. All das zusammen erweckt den Eindruck, als wäre dieses Tal nicht von dieser Welt, so mystisch und entrückt bietet es sich den Blicken dar.

Am Eingang des Tals befindet sich eine einspurige Brücke über den Hanalei-River. Man sieht, hier ist kein großstädtischer Durchgangsverkehr. Die Straße endet als Sackgasse am Ke'e-Beach, dort parkten wir, erst mal ohne uns den Strand näher anzusehen. Unser Augenmerk war auf den Kalalau-Trail gerichtet, der kurz hinter dem Strand beginnt. Ein erster Blick auf den Trailhead ließ zwar schon vermuten, dass es kein Kindergartengeburtstag werden würde, die Herausforderungen im weiteren Verlauf übertrafen den ersten Eindruck dann aber noch deutlich.

Insgesamt ist der Trail elf Meilen lang und führt durch üppige Vegetation, über unzählige Klippen, durch mehrere Flüsse und endet an einem einsamen Traumstrand mit Wasserfall, dem Kala-

Hanalei Valley

lau-Beach, beschrieben als eines der letzten Paradiese auf diesem Planeten. So weit sollte es aber heute noch nicht gehen, es standen vorerst nur die ersten beiden Meilen bis zum Hanakapi'ai-River auf dem Programm. Aber auch die hatten es schon in sich!

Wir starteten in strömendem Regen. Dementsprechend befand sich auch der Pfad in einem chaotischen Zustand. Lehmig, schmierig, voller Wurzeln und Steine, oft musste man die Hände zu Hilfe nehmen.

Innerhalb kürzester Zeit waren wir patschnass und schweinedreckig. Wir rutschten und schlitterten durch die Botanik, es war die wahre Pracht. Teilweise gab es Stufen, die so hoch waren, dass meine Beine fast nicht ausreichten. Am Fuße der Stufe fand sich meist eine mehr als knöcheltiefe Schlammlache. An einer besonders kritischen Stelle drehte sich Uwe, der die Stufe unter mir schon erreicht hatte, zu mir um, um zu fragen, ob ich Hilfe brauche. Da hatte ich aber gerade schon zum Sprung angesetzt, patschte in die Schlammbrühe und spritzte ihn bis zum Bauchnabel nass. Seinen Kommentar dazu mag ich gar nicht wiederholen – er ist nicht wirklich jugendfrei!

Selbst wenn wir rasteten und eigentlich ruhig standen, rutschten uns die Füße weg, weil alles so glitschig war. Manchmal war der Weg so abschüssig, ausgetreten und schlüpfrig, dass ich trotz Höhenangst auf der schmalen Böschung balancierte, um ein bisschen Halt unter den Füßen zu haben. Linker Hand ging es fast senkrecht aufwärts, rechter Hand fast ebenso senkrecht abwärts Richtung Meer. An den Kommentar von Uwe dazu kann ich mich auch noch ganz genau erinnern. Er lautete: »Siggi, du weißt schon, dass ein Fehltritt den Sturz 15 Meter über die Klippen in den Ozean bedeuten würde? Vorausgesetzt, du würdest lebend unten ankommen, würdest du in der Brandung absaufen. Und das wäre doch ziemlich unschön. Nicht etwa, weil es mir um dich leidtäte, sondern wegen des elenden Papierkrams – du weißt!« Ein typischer »Uwe-Satz«, dem vehementen Verfechter des Genitivs und seine Art, mich zwar flapsig und scherzhaft, aber doch mit ernstem Unterton zur Vorsicht zu gemahnen.

Einmal verlor Silke auf dem Pfad tatsächlich das Gleichgewicht, taumelte gegen Uwe und dann stürzten beide auf mich. Sein stöhnender Kommentar lautete dreist: »Silke, du dickes Wesen, kannst du deine Kilos schleunigst von meinem angeschlagenen Knie entfernen?« Gut und schön, verstehe ich ja alles, aber wer denkt an mich?? Schließlich hatte ich zuunterst nicht nur Silkes, sondern auch sein Gewicht zu ertragen. Erschwerend kam noch hinzu, dass sowohl er als auch Reiner am Morgen aus unerfindlichen Gründen jeweils eine halbe Knolle Knoblauch verputzt hatten. Nachdem wir bei der Kletterei alle ordentlich ins Schwitzen geraten waren, könnt ihr euch sicher vorstellen, wie wohlriechend und angenehm der Körperkontakt war …

Unsere Schlammschlacht war schon ein Heidenspaß. Vielleicht kann ich dazu noch ergänzen, dass der Boden auf Kaua'i an vielen Stellen aus einer Art rotem Lehm besteht. Das Zeug ist so »anhänglich«, man bekommt es aus den Klamotten so gut wie nicht raus. Es wird von den Einheimischen »Red Dirt« genannt und es werden sogar damit gefärbte T-Shirts verkauft. Ein Pfund »Red Dirt« reicht, um 500 T-Shirts zu färben. Man sieht also, wie ergiebig und beständig es ist.

Trotz allem war der Ausflug wunderbar. Die Klippen, die Küstenvegetation mit ihren Pandanus- und Kukuibäumen, den Ingwerbüschen, Agaven und wilden Orchideen, die Ausblicke auf das in allen Blau- und Grüntönen schillernde Meer sind einfach nicht zu toppen. Zwischendurch zeigte sich sogar kurz die Sonne, sodass die nachfolgenden Fotos gelingen konnten. Man kann es wirklich kaum beschreiben, man muss es gesehen haben. Also nix wie hin!

Am ersten Flusslauf machten wir kehrt, nicht ohne den Eindruck gewonnen zu haben, dass die für ein paar Tage später geplante Überquerung angesichts des momentanen Wasserstandes schon eine Herausforderung darstellen würde. Auch die ersten zwei Meilen waren schon Respekt einflößend gewesen. Wenn ich daran dachte, dass bis zu unserem Zeltplatz noch weitere neun derartige Meilen folgen sollten, war mir schon ein bisschen

Kalalau Trail

Ke'e Beach

mulmig zumute. Vor allem, weil wir dann ja auch Zelt, Schlafsack, Kocher, Lebensmittel etc. zu tragen hätten, nicht nur unseren kleinen Tagesrucksack. Hm. Ganz grundentspannt sah ich der Sache nicht entgegen.

Ans Auto zurückgekehrt, zogen wir erst mal die verdreckten Klamotten aus und schwangen uns in die Badesachen. Jetzt war genau der richtige Zeitpunkt, um am Ke'e-Beach ein bisschen zu relaxen.

Da an diesem Strand ein vorgelagertes Riff die Brandung abschirmt, kann man hier wunderbar und ausnahmsweise auch meist gefahrlos schwimmen. Außerdem ist die Lagune ein fabelhaftes Schnorchelrevier. Allerdings hatten wir keine Schnorchelausrüstung dabei. Also begnügten wir uns damit, ein bisschen zu planschen, uns den gesamten »Red Dirt« abzuwaschen und am Strand die Sonne zu genießen.

Witzig fand ich auch die ganzen Hühner, die frei in Strandnähe, teilweise auch am Strand direkt herumliefen. Sie sind nicht nur hier am entlegensten Ende der Insel zu finden, die »Kaua'i-Rooster« laufen auch sonst überall frei durch die Gegend, sogar in der Hauptstadt Lihue. Wie wir erfuhren, sind während des Wirbelsturmes Iniki Mitte der neunziger Jahre viele Haushühner ausgebüxt und haben sich in freier Natur ganz prima vermehrt. Was ich so putzig fand, nervt die Anwohner allerdings mitunter schon sehr. Man wird nämlich immer schon sehr früh morgens durch die Hähne geweckt, man ist also buchstäblich mit dem ersten Hahnenschrei quietschwach. Wobei das für uns kein Problem darstellte, wir hatten sowieso immer volles Programm. Ausschlafen stand also nicht an.

Wieder in unserem Motel angekommen, zogen wir uns nur schnell unsere Sportklamotten an und starteten für ein Match zu einem Beachvolleyballfeld, das wir in der Nähe am Strand entdeckt hatten. Silke spielte in einer Hobbymannschaft, ich hatte damals zuletzt in der Oberliga gespielt und wir traten gegen einen Kraftsportler (meinen Mann) und einen kniekranken Fußballer an. Uwe hatte sich sogar extra getapt, um vollen Einsatz zeigen zu können. Corinna kam zum Fotografieren und Filmen mit, während Ulrike auf dem Zimmer blieb und schon einiges für ihre morgige Abreise richtete.

Preisfrage: »Wer gewann dieses geschichtsträchtige Match?« Bittere Antwort: »Leider die Männer mit 15:9 und 15:4, dann wurde es dunkel.« Wir Mädels waren zwar technisch deutlich überlegen, hatten dem Gebolze der Männer aber nichts entgegenzusetzen und beim Volleyball gibt's nun mal keine B-Note. Ich sage zum Sieg der Jungs nicht deshalb leider, weil mir das Verlieren an sich etwas ausgemacht hätte, sondern deshalb, weil wir uns den Rest des Urlaubes die Story vom *großen Männersport* anhören durften. Und wie das manchmal so ist mit der verzerrten Wahrnehmung oder der Erinnerung: Mit jedem Erzählen wird der getötete Drache größer und die Heldentaten ruhmreicher. Gegen Ende des Urlaubes hätte man glatt denken können, die beiden hätten die Goldmedaille bei den Olympischen Spielen gewonnen.

So, wenn jemand jetzt auf die Idee kommt, das wäre für einen Tag genug Action gewesen, den muss ich auch dieses Mal wieder enttäuschen. Weit gefehlt. In unsere Motelanlage zurückgekehrt, hatte Reiner nichts Besseres zu tun, als die zappelnde Silke zu schultern und mit ihr Richtung Pool zu marschieren. Wir anderen natürlich neugierig und sensationslüstern hinterher. Uwe rief ihm noch nach: »Reiner geh bitte ans hintere Ende des Pools, da ist es tiefer, hier vorne ist es viel zu flach!« Bei dieser Aussage fühlte ich mich, hier an der flacheren Stirnseite des Pools stehend, vollkommen sicher. Aber noch, bevor ich den Gedanken zu Ende bringen konnte, spürte ich einen Stoß, der mich in voller Montur direkt hier in den Pool beförderte. Im Fallen hörte ich noch seine Worte: »Für dich, Siggi, reicht's auch hier«. Na, prima! Schöne Bescherung. Triefend und mit patschnassen Klamotten krabbelten wir beide wieder an Land, während Corinna und die Männerfraktion sich vor Lachen bogen. Natürlich konnten auch wir beide uns ein Grinsen nicht verkneifen.

Aber auch damit nicht genug. Uwe hatte eine weitere verrückte Idee. Er hatte an diesem Tag noch kein Training im Fitnessstudio absolviert und vermisste sein Work-out. Als Ersatz für das Beintraining fragte er, ob er mich ein paar Mal die Treppe hinauftragen dürfe, ich hätte genau das richtige Gewicht. Na ja, man gönnt sich ja sonst nix. Er schulterte mich also, patschnass wie ich war, wie einen Kartoffelsack und schleppte mich 10 x die Treppe hoch. Runter musste ich – wegen seines kaputten Knies – immer selbst laufen. Als er mich schließlich vor unserer Zimmertür absetzte, waren meine Haare schon wieder getrocknet. Wir sind echt nicht gegen groben Unfug geimpft.

Vor allem, weil der Tag noch immer nicht vorbei war. Nach dem Duschen trafen wir uns auf einem der Zimmer und spielten ein bisschen Karten. Reiner hatte in einem Abfalleimer Eiswürfel besorgt, um unseren Lieblingswein zu kühlen. Aber man glaubt doch nicht im Ernst, dass uns mit einem Eimer Eiswürfel nix Besseres einfällt, als Getränke zu kühlen. Wär ja auch Verschwendung und zudem furchtbar langweilig. Und überhaupt, wo sollte man denn sonst hin mit dem ganzen Übermut und der überschüssigen Energie?

Trotz Uwes Warnung: »Don't even think about it …«, die mir noch deutlich in den Ohren klingt, konnte ich es mir nicht verkneifen, mehrere Eiswürfel in seinen hinteren T-Shirt-Ausschnitt gleiten zu lassen. Man könnte also in diesem Fall sogar ausnahmsweise sagen, ich hätte ein ganz klein wenig provoziert. Aber nur ein ganz klein wenig! Seine Retourkutsche folgte auf den Fuß und daraus entwickelte sich eine regelrechte Eiswürfelschlacht quer durchs Zimmer, in die in Windeseile alle verwickelt waren. Wildes Tohuwabohu, ausgelassenes Quieken, übermütiges Gelächter, dazu Eiswürfel im Hosenbein, Eiswürfel im Shirt, Eiswürfel im Ärmel – ein herrliches Vergnügen. Ulrike fand das Ganze superklasse, filmte alles und kommentierte nur trocken: »Endlich ein wenig Action für mein Video.«

Was wir dabei allerdings nicht bedacht hatten, war die äußerst ruhige Grundstimmung in unserem Motel. So verwunderte es nicht weiter, dass kurze Zeit später das Telefon klingelte und die Rezeption nachfragte, ob wir denn eine Party feiern würden. Und uns dringend um Ruhe ersuchte. Tja, wir waren diesmal nicht in einer Blockhütte in Kanada ohne eine Menschenseele weit und breit. Also flugs zurück zur Zimmerlautstärke.

Helikopterrundflug über die Garteninsel

Für den nächsten Morgen hatten wir etwas ganz Besonderes auf dem Programm stehen, wir hatten nämlich einen knapp einstündigen Helikopterrundflug über Kaua'i gebucht, der uns zu allen landschaftlichen Höhepunkten führen sollte. Da es mein erster Flug mit einem Hubschrauber sein würde, war ich entsprechend nervös. Ich habe so meine ganz persönlichen Erfahrungen mit fliegendem Gerät, starken Böen und der Tüte … Ich hoffte also ganz stark, dass mir das heute nicht passieren würde.

Wir starteten in Port Allen und flogen zuerst über eine Ebene mit ausgedehnten Zuckerrohrfeldern. Aus der Luft ein herrlich intensives Farbspektakel: im Wind wogendes, hellgrün schillerndes Zuckerrohr auf leuchtend roter Erde. In Kürze erreichten wir dann die atemberaubenden steilen Klippen der Na-Pali-Coast. Einen kleinen Eindruck von diesen Klippen hatten wir ja schon auf den ersten zwei Meilen des Kalalau-Trails bekommen, aber von oben betrachtet, raubte uns der fantastische Anblick fast den Atem. Aus dieser Perspektive lag die unbewohnte Steilküste in ihrer ganzen Pracht unter uns ausgebreitet, eine wahre Augenweide.

Dann flogen wir weiter an der Küste entlang. Zwischen Hanalei und Ke'e Beach haben einige Prominente ihren Wohnsitz, u. a. auch Sylvester Stallone, dem wir aus dem Helikopter direkt in den hauseigenen Pool schauen konnten. Schade, dass »Rambo« grad irgendwo anders die Welt rettete und nicht zu Hause war …

Danach ging's über den Kraterrand des erloschenen, 1548 m hohen Vulkans Mt. Wai'ale'ale, der das Herzstück von Kaua'i bildet. Die Kraterwände sind üppig bewachsen, im fast unzugänglichen Krater selbst befindet sich ursprünglicher Regenwald. Oben am Kraterkamm ist der mit durchschnittlich 11.400 Liter Niederschlag pro Jahr regenreichste Ort der Erde. Dort befindet sich auch das mit 80 Quadratkilometern größte Hochmoor Polynesiens, der Alaka'i-Swamp. Von dort stürzen unzählige Wasserfälle in den Krater hinein, alles ist nebelverhangen und mystisch.

Kein Wunder, dass dies der perfekte Drehort für Jurassic Park war.

Beim Einflug in den Krater erklärte uns der Pilot über Kopfhörer, dass es aufgrund der Windverhältnisse im Krater jetzt ein bisschen unruhig werden könnte. Der Helikopter schwankte auch deutlich hin und her. Nicht besorgniserregend, aber wenig magenfreundlich. Letztendlich war ich froh, dass wir nach einer Dreiviertelstunde den Rückflug antraten und die letzte Viertelstunde nicht mehr so holprig war. Es war ein supertolles Erlebnis, hätte aber auch nicht mehr viel länger dauern dürfen, zumindest meinem Magen nach.

Anschließend machten wir noch kurz Station bei wunderschönen Wasserfällen in der Nähe des Heliports und hatten dann die traurige Aufgabe, Silke und Ulrike zum Flughafen nach Lihue zu bringen und zu verabschieden. Leider waren die Osterferien vorbei und sie mussten schon jetzt die Rückreise antreten. Sehr schade! So war denn unser Trüppchen auf vier Personen zusammengeschrumpft.

Mit dem Kajak auf dem Hanalei-River

Der folgende Tag führte uns wieder ins Hanalei-Valley. Diesmal war unser Plan, mit gemieteten Seekajaks erst den Hanalei-River zu befahren und dann ein bisschen aufs Meer rauszupaddeln.

Wir hatten uns auch hier erst überlegt, dass für diesen Ausflug jeder sein eigenes Kajak bekommen sollte. Aber wie ihr wisst, hatten Reiner und ich vorher nur im Kanadier gesessen und Corinna war noch nie gepaddelt. Wir beschlossen deshalb, zwei Doppelsitzer zu nehmen. Corinna wünschte sich Reiner als Bootspartner, da sie die Befürchtung hatte, mit Uwe könnte sie des Öfteren »ganz zufällig« im Fluss landen und so stand die Personalverteilung fest. Perfekt.

Mit Uwe als Steuermann brauchte ich mir absolut keine Sorgen zu machen und Reiner und Corinna hatten an ihrem Boot ein zusätzliches Ruder und kamen hervorragend klar.

Wir paddelten dann ganz entspannt ungefähr eineinhalb Stunden den Hanalei-River flussaufwärts, bis der Wasserstand so niedrig wurde, dass wir nicht mehr weiterkamen. Dabei konnten wir jede Menge Vögel beobachten, die Fahrt ging an Taro-Feldern entlang, vorbei an Mangroven und Bananenpflanzen, alles war grün, still und wunderbar. Außer zwei, drei weiteren Kanus begegnete uns niemand. Die Strömung war jetzt auch nicht so stark, dass es superanstrengend gewesen wäre, es war einfach bis dahin ein toller, ruhiger Ausflug. Sogar von Uwe kam nur die Hälfte der üblichen schnodderigen Kommentare. Außer der Beschwerde, dass ich bei jedem Paddelzug den halben Fluss nach hinten ins Kanu schippen würde und der Feststellung, ich würde mit meinem untergewichtigen Körperchen den Gegenwind gar nicht richtig abhalten, kam tatsächlich eine ernsthafte Unterhaltung in Gang, man fasst es kaum!

Auch der Rückweg zum Meer begann super. Wir ließen uns treiben und genossen die Stille und die idyllische Landschaft. Die Sonne schien und ich zog mein T-Shirt aus, um mich im Badeanzug ein bisschen zu sonnen. Das hätte ich wohl besser nicht tun sollen. Denn innerhalb von zwei Minuten verfinsterte sich der Himmel und es fing an zu schütten wie verrückt. Ein richtiger tropischer Regenguss, als würde jemand dort oben Kübel ausleeren. Innerhalb von Sekunden waren wir patschnass und das Wasser stand im Boot. Parallel dazu mussten wir uns gegen die Attacke einer »Kampf-Ente« wehren, der unbedingt unser Kajak entern wollte. Aber irgendwie tat das unserer guten Laune überhaupt keinen Abbruch – und immerhin war's ja auch warmer Regen – »liquid sunshine« – also flüssiger Sonnenschein.

Am Meer angelangt, strahlte denn auch schon die Sonne wieder. Leider konnten wir mit unseren Kajaks nicht aufs Meer hinaus. Es herrschte sowohl ablandiger Wind als auch eine starke ablandige Strömung, da konnten wir es nicht riskieren. Immerhin war von uns Vieren nur Uwe ein erfahrener Kanute. Also ließen wir Vernunft walten und picknickten stattdessen auf einer sandigen Landzunge an der Mündung des Hanalei-Rivers. So hatten wir auch Gelegenheit, unsere durchnässten Klamotten auszubreiten und trocknen zu lassen. Vor lauter Übermut und überschüssiger Energie fochten wir noch kleinere Ringkämpfe mit unseren Paddeln aus, bevor wir wieder zur Verleihstation zurückkehrten. Obwohl wir nicht auf dem Ozean herumschippern konnten, war es ein wunderschöner, entspannter Tag, von dem ich mir allerdings trotz Sonnencreme einen heftigen Sonnenbrand auf der Vorderseite der Beine mitbrachte.

Kalalau-Trail zum Zweiten

So, am nächsten Tag wurde es langsam ernst. Er stand ganz im Zeichen der Vorbereitungen für die Wanderung zum Kalalau-Valley. Um sie vor Regen zu schützen, verpackten wir unsere Schlafsäcke und Wechselklamotten in Müllsäcke, bevor wir sie in unseren Rucksäcken verstauten. Wir organisierten, dass das momentan nicht benötigte Gepäck im Motel zwischengelagert werden konnte, kümmerten uns um Zelte, Kocher, Kartuschen und Entkeimungstabletten und besorgten uns Vorräte für die geplanten vier Tage. Allein der Lebensmitteleinkauf für die Tour war ein Erlebnis der besonderen Art! Die Nahrungsmittel sollten leicht zu tragen sein, aber auch genügend Energie spenden. Das war eine völlig neue Erfahrung für mich, im Supermarkt zu stehen und darauf zu schauen, dass auch *genügend* Kalorien enthalten sind …

Wir hatten ausgerechnet, dass jeder von uns während der vier Tage 12.000 Kalorien benötigen würde. Welch gruselige Zahl! Nach langem Überlegen, was denn am besten zu transportieren und am leichtesten zuzubereiten ist, kauften wir im Sammelpack chinesische Tütensuppen zu je 500 Kalorien die Portion. Allerdings gab es wirklich nur zwei Geschmacksrichtungen, die so viele Kalorien aufwiesen, Chicken und Shrimps, alle anderen Varianten hatten deutlich weniger. Dazu erstanden wir jede Menge Powerbars, Mineraldrink zum Anmischen, damit das Wasser ein bisschen Geschmack und Mineralstoffe hat und Weetabix. Ziemlich gnadenlos, diese Diät.

Und ich muss gestehen, dass ich schon ziemliche Bauchschmerzen bekam, angesichts der Ausmaße, die diese Aktion annahm. Ich war mir plötzlich gar nicht mehr so sicher, ob ich die Anforderungen würde bewältigen können, die der Trail stellte. Zumal ich bisher noch nie mit größerem Gepäck als einem Tagesrucksack gewandert war. Auch Reiner und Corinna sahen der ganzen Sache eher mit gemischten Gefühlen entgegen. Einzig Uwe, der den Weg schon bis zum Ende erlebt hatte, war überzeugt davon, alles locker zu schaffen.

Nach einer etwas unruhigen Nacht bezahlten wir früh am nächsten Morgen unsere Rechnung, deponierten unser nicht benötigtes Gepäck in einem Abstellraum und checkten aus dem Motel aus – sogar bei trockenem Wetter, man glaubt es kaum. Das hielt allerdings bis original fünf Minuten nach dem Beginn unserer Wanderung an. Dann startete Dauerregen! Aber nasser als nass geht ja bekanntlich nicht, und positiv betrachtet, war's wenigstens wieder warmer Regen. Also fanden wir uns einfach damit ab. Allerdings war der Trail durch die permanenten Regenfälle der letzten Tage in noch schlechterem Zustand als bei unserem ersten Besuch. Wir rutschten und schlitterten mit unserem Gepäck ordentlich durch die Gegend, an fotografieren oder gar filmen war nicht zu denken. In kürzester Zeit waren wir wieder schlammverkrustet, patschnass und gleichzeitig schweißgebadet. Alles in allem sahen wir noch viel wüster aus als bei unserer ersten Begegnung mit dem Kalalau.

Kurz vor unserer ersten Flussüberquerung kam uns eine Frau mittleren Alters im Bikini mit Flip-Flops entgegen. Wir kamen uns mit unseren Wanderschuhen und vollem Gepäck merkwürdig »overdressed« vor, als sie uns vom Kalalau-Valley, dem »amazing place« – dem wundervollen Ort – erzählte und wir feststellten, dass sie wohl tatsächlich von dort kam?!? Mit Minigepäck und wenig am Leib. Okay, wir schienen ja wirklich nicht nur Land-, sondern auch heftige Weicheier zu sein.

Nach den ersten beiden Meilen erreichten wir wieder den Hanakapi'ai-River und begutachteten die Passage. Das Wasser war noch ein Stückchen höher als letztes Mal und Corinna kam deshalb auf den glorreichen Gedanken, sich einen Stock zu Hilfe zu nehmen. Prima Idee, sie erreichte damit ohne Schwierigkeiten das andere Ufer. Ich hatte nicht so viel Glück. Das Wasser reichte mir ungefähr bis zur Mitte der Oberschenkel. Die ersten zwei Drittel des Weges klappte es ganz gut, dann geriet ich in starke Strömung und glitt auf einem Stein aus. Mit gesamtem Rucksack landete ich bis zur Brust im Wasser. Jetzt war ich richtig froh darüber, meine Sachen in Mülltüten verpackt zu haben, irgendwie hatte ich da wohl schon den richtigen Riecher gehabt. Also alles kein Beinbruch. Uwe hatte da gerade sein Gepäck auf die andere Seite gebracht und kam mir entgegen, um mir zu helfen. Sehr nette Geste, schade nur, dass er dabei selbst ausglitt und mir bei meinem unfreiwilligen Bad im Fluss Gesellschaft leistete. Aber geteiltes Leid ist ja bekanntlich halbes Leid und wir nahmen's mit einem Grinsen.

Nachdem wir uns ans andere Ufer gekämpft hatten, galt es, eine kleine Felswand zu erklimmen, die den Fluss auf dieser Seite begrenzte. Das sah ungefähr so aus, dass Reiner Corinna und mich von oben zog und Uwe jeweils von unten schob. Elegant geht anders, aber so schafften wir es immerhin.

So, einmal tief durchatmen, die erste große Hürde war genommen. Wir konnten uns schon mal auf die Schulter klopfen. Und der Himmel hatte ein Einsehen mit uns, denn es hörte auf zu regnen. Wie wunderbar! Vom Bad im Fluss komplett durchnässt, kam ich auf den schrägen Gedanken, jetzt könnte ich mir ja trockene Sachen anziehen, denn irgendwie fand ich es plötzlich trotz 25 Grad Außentemperatur merkwürdig kühl. Ich fummelte also mühsam Ersatzklamotten aus dem Rucksack und schlüpfte in trockene Sachen. Reiner und Corinna waren halbwegs trocken über den Fluss gekommen und Uwe ist eh hart im Nehmen, er grinste nur und schüttelte den Kopf über mich »Seerosengießer«. Mir

ging's aber so wohlig trocken und warm richtig gut, die Stimmung stieg und ich war wieder rundum glücklich! Für genau fünf Minuten. Denn dann fing es erneut an zu regnen und es stürzten wieder wahre Fluten vom Himmel. Ätz! Apropos Fluten, durch den Regen hatte sich in der Mitte des Trails ein kleines Flüsschen gebildet, das uns über die Füße rann. Aber tapfer wanderten wir weiter, klipp auf, klipp ab und hofften, dass das Wetter wenigstens gegen Abend aufklaren würde und wir im Trockenen unsere Zelte würden aufbauen können. Aber die Gedanken hätten wir uns gar nicht machen brauchen, denn so weit sollten wir überhaupt nicht mehr kommen.

Nachdem wir ungefähr 3,5 Meilen zurückgelegt hatten, glitt Reiner auf dem glitschigen Pfad aus und stürzte mitsamt seinem Gepäck krachend ins Gebüsch. Dabei landete er mit voller Wucht mit seiner Kniescheibe auf einem Stein, der knapp unter der Oberfläche im Schlamm verborgen lag. Fluchend kam er wieder auf die Beine und wir dachten zuerst, bis auf die kleine Schürfwunde an seiner Hand sei ihm nichts passiert. Hinkend wanderte er tapfer weiter, bis er nach einer kurzen Wegstrecke nochmals ausrutschte und sich das Knie auch noch verdrehte.

Gemeinsam hielten wir nun Kriegsrat und überlegten, was zu tun sei. Es gab nur zwei Alternativen: Entweder jetzt direkt umkehren und die knapp vier Meilen zurücklaufen oder die restlichen gut sieben Meilen bis zum Strand durchwandern. Auf dem Klippenpfad war an keiner anderen Stelle eine Zwischenübernachtung möglich. Es gibt zwar nach ungefähr sieben Meilen in Hanakoa normalerweise ein Camp. Das war allerdings zu diesem Zeitpunkt geschlossen, wie man uns in Lihue bei der Erteilung des Permits gesagt hatte. Nach reiflicher Überlegung kamen wir zu der Überzeugung, dass wir nicht umhinkommen, umzukehren. Denn selbst wenn wir es bis zum Zeltplatz am hintersten Strand geschafft hätten, spätestens am übernächsten Tag hätten wir ja auch den kompletten Weg zurücklaufen müssen. Und wer weiß, wie sich Reiners Knie bis dahin entwickelt hätte. Also kehrt – marsch!

Wieder einmal war Reiner also ums Zelten »drumrumgekommen«. Böse Zungen hatten ja bereits in Kanada von System und Absicht gesprochen. Damals hatte ihn eine Blutvergiftung am Zelten gehindert. Diesmal war es das Knie. Aber ganz ehrlich, um drei Nächte im Zelt aufzuwiegen, war der Preis ganz schön hoch. Letztlich dauerte es ein halbes Jahr, um das Knie wieder richtig fit zu bekommen. Schleimbeutelentzündung mit Knorpelreizung diagnostizierte der Arzt zu Hause. Irgendwie fühlte ich mich für seine Misere mitverantwortlich, denn der Tour hatte er schließlich nur mir zuliebe zugestimmt, und hatte ein ziemlich schlechtes Gewissen … Aber er trug es mit Fassung. Reiner ist echt der Allerbeste. Ich an seiner Stelle hätte fürchterlich gejammert – oder gezickt. Oder beides gleichzeitig. Kann ich gut! Fragt meinen Mann …

Mein Traum von »einem der letzten Paradiese auf Erden« war also wie eine Seifenblase zerplatzt, das musste ich erst mal verdauen. Das war der Programmpunkt gewesen, auf den ich mich am allermeisten gefreut hatte. Es fühlte sich so an, als hätte man mir als Kind den Lolli weggenommen.

Der Rückweg war dann auch noch eine ziemliche Schinderei. Wir kamen nur sehr langsam vorwärts, Reiners Verletzung und der immer schwieriger werdende Zustand des Weges bremsten uns immens. Obwohl wir uns glücklich schätzen konnten, dass Reiner überhaupt noch in der Lage war, selbst zu laufen. Ich mag mir gar nicht ausmalen, wie es gewesen wäre, wenn wir ihn hätten stützen oder gar tragen müssen. Tapfer trug er auch noch sein Gepäck selbst, das ebenfalls das umfangreichste war. Mein Rucksack war bedeutend kleiner und demzufolge auch nicht halb so schwer beladen. Insofern hatten wir wirklich noch richtig Glück im Unglück.

Wieder am Fluss angekommen, stellten wir fest, dass er in der Zeit seit der ersten Überquerung noch mehr angeschwollen und die Strömung auch deutlich stärker geworden war. Kein Zuckerschlecken, besonders nicht für Reiner, an dessen Knie die Wassermassen schmerzhaft zerrten. Aber letztlich schafften wir es und kamen wieder halbwegs heil am Auto an.

Fazit: 7 Stunden Fußmarsch bei strömendem Regen durch Schlamm und Dreck, 1 Kniekranker, 56 Tütensuppen, genauso viele Powerbars und bergeweise Mineraldrink. Großes Kino! Zusätzlich waren sämtliche Kleidungsstücke, einschließlich der Unterwäsche quasi Sondermüll. So verkrustet mit Red Dirt, dass wir uns komplett »naggisch machten«, wie man so schön hessisch sagt, und alle Sachen in einen der mitgebrachten Müllsäcke stopften. Nachdem wir wieder trocken waren und saubere Kleidung anhatten, brachten wir die geliehenen Zelte, Kocher und Kartuschen zurück und zogen reumütig wieder im Motel ein. Glücklicherweise waren noch Zimmer frei.

Reiner packte eine Riesenplastiktüte mit sämtlichen Tütensuppen, Powerbars und dem unbenutzten Mineraldrink und ließ es sich trotz seines dicken Knies nicht nehmen, persönlich zum Supermarkt zu fahren. Und Amerika macht's möglich: Sie nahmen tatsächlich alles wieder zurück und er bekam seine 75 $ zurückerstattet. Na, wenigstens etwas. Dann besorgten wir einen Eisbeutel, steckten Reiner ins Bett und er kühlte sein Knie.

Corinna und ich statteten in der Zwischenzeit dem Motel-eigenen Waschsalon einen Besuch ab und schleppten zwei komplette Mülltüten mit schlammverkrusteten Kleidungsstücken dorthin. Der Wäscheraum war gerade überwiegend frequentiert von Senioren, die meist dabei waren, ihre Golfklamotten aufzubügeln. Man stelle sich ihre irritierten Gesichter vor, als wir mehrere Waschmaschinen mit unserem »Sondermüll« beluden. Wir waren natürlich sofort das Gespräch des ganzen Motels, alle nahmen Anteil an unseren Erlebnissen, fanden es total spannend. Wir mussten immer wieder haarklein berichten, wie unsere Tour verlaufen war. Na ja, ich geb's jetzt zu. Auch für uns Hessen war der Tag wirklich etwas Besonderes, so etwas erlebt man auch im schönen Kinzigtal nicht alle Tage.

Leider war unsere Waschaktion nur teilweise erfolgreich. Unsere Sachen waren zwar mithilfe von Waschmittel und Bleiche nicht mehr schlammverkrustet und dreckig, die Flecken ließen sich aber nicht entfernen.

Mit Lore und Friedel wanderten wir die ersten beiden Meilen des Kalalaus erneut, hatten dabei allerdings deutlich besseres, sprich trockeneres Wetter. Und siehe da, es war ein gänzlich anderes Erlebnis. Der Küstenpfad war lichtdurchflutet noch viel paradiesischer! Allerdings war ich trotzdem nicht in der Lage, die Umgebung zu genießen und zeitgleich zu wandern. Denn obwohl der Pfad bei trockenem Wetter bedeutend leichter zu begehen war als im strömenden Regen, erforderten doch die Felsstufen, Wurzeln und die teilweise trotzdem lehmigen, rutschigen Stellen meine ganze Aufmerksamkeit. Dazu ein schwüles Klima, da kam selbst Friedel ins Schwitzen, ein äußerst seltenes Phänomen. Das schafften wir in dem Urlaub auch wirklich nur einmal, und zwar hier.

Am ersten Flusslauf angekommen waren wir bass erstaunt, als wir tatsächlich einen breiten Sandstrand erblickten. Der Anblick des Sandstrandes überraschte uns deshalb völlig, weil beim ersten Mal überhaupt kein Fitzelchen Sand zu entdecken gewesen war, so donnerte die Brandung an die Küste und so weit schlugen die Wellen in die Flussmündung hinein. So unterschiedlich sind dann doch die Jahreszeiten.

Sogar den Fluss konnte man trockenen Fußes überqueren, wenn man über die größeren Steine hüpfte. Was Reiner auch sofort versuchte, dabei ins Straucheln geriet, über einige Meter sprang und taumelte, bis er das Gleichgewicht wiedergefunden hatte. Für mich eine Riesenschrecksekunde, mein Adrenalinspiegel schoss kurzfristig in unermessliche Höhen; ich sah ihn vor meinem geistigen Auge schon mit zerschmetterten Knochen auf den Felsen liegen. Gott sei Dank ist es diesmal gut gegangen.

Auf dem Rückweg zu unserem Motel entdeckte Lore am Straßenrand einen Truck, aus dem eine köstliche Spezialität der Inseln verkauft wurde: Shave Ice. Das mussten wir unbedingt probieren, zumal es total bunt und irgendwie schräg aussah. Stellt euch einen großen Block ganz normales Eis – gefrorenes Wasser ohne irgendwelche Zusätze – vor, von dem mit einer Art Rasierklinge ganz besonders feine Splitter abgeschabt und in einen kleinen Becher gefüllt werden. Dann kommt Fruchtsirup darüber, den es in jeder erdenklichen Geschmacksrichtung und natürlich auch Farbe gibt. Man kann auch kombinieren oder sich gleich die »Rainbow-Mischung« geben lassen. Am allerbesten kommt das alles mit einem Bällchen Eiscreme darunter. Wirklich lecker und quietschebunt, es gibt ein richtiges »Smarties-Gefühl« …

Nach unserer Waschaktion hockten Corinna, Reiner, Uwe und ich zusammen und orakelten, wie wir die nächsten Tage ersatzweise verbringen könnten. Wir beschlossen, am nächsten Morgen eine Wanderung auf den »Sleeping Giant« zu unternehmen. »Schlafender Riese« deshalb, weil der Bergrücken von der

Seite betrachtet tatsächlich so aussah. Er war quasi unser Hausberg, den wir vom Motel aus sehen konnten. Es führte ein relativ breiter Wanderweg ohne Stufen und ohne große Kletterei hinauf, sodass auch Reiner mitkonnte. Lediglich für das allerletzte Stück zu einem weiteren Aussichtspunkt musste er passen.

Von oben hatte man einen schönen Blick auf Wailuku und den dort ins Meer mündenden gleichnamigen Fluss. Schon während der Wanderung kam uns der Gedanke, dass vielleicht doch noch nicht alles verloren ist, was unsere Tage im Kalalau-Valley betrifft. Man kann sich mit einem Zodiac-Schlauchboot dort absetzen lassen und unser Permit war ja noch nicht abgelaufen. Das wollten wir versuchen und zu dritt den Weg zurückwandern, während Reiner sich wieder vom Schlauchboot abholen ließ. Dann hätten wir auch auf dem Rückweg nicht mehr das ganze Gepäck zu transportieren. Ein wunderbarer Gedanke, und ich schöpfte wieder ein bisschen Hoffnung. Leider ergab eine telefonische Nachfrage bei der Zodiac-Firma, dass diese Möglichkeit nur im Sommer besteht. Im Winter ist die Brandung zu hoch und zu gefährlich, als dass sie mit den Booten am Strand anlanden könnten. Schade, schade. Und so zerplatzte auch dieser letzte Hoffnungsschimmer wie eine Seifenblase.

Die beiden Fotos zeigen die Na-Pali-Coast vom Boot aus. Sie vermitteln einen guten Eindruck von den Klippen, über die der Kalalau-Trail verläuft. Sie wurden aufgenommen, als wir mit Lore und Friedel eine Katamaran-Tour mit Delfinbeobachtung und Schnorcheln unternahmen. Aber selbst Ende des Sommers war das Wetter so unstet, dass wir nicht die komplette Strecke von Kehaka über Polihale bis Ke'e-Beach fahren konnten, weil es anfing, stark zu regnen und der Wellengang sehr unangenehm wurde. Aber der Reihe nach.

Die Buchung der Katamaran-Tour war schon mit einigen Schwierigkeiten verbunden, man kann schon fast sagen, eine Zangengeburt. Wir hatten uns nämlich mehrere Tour-Veranstalter herausgesucht, die infrage kamen. Den Favoriten erreichten wir nicht am Telefon, sodass wir an verschiedenen Activity-Desks

Na Pali Coast

versuchten zu buchen. Am ersten gab's nur sehr dürftige Informationen und die Angebote waren auch deutlich teurer als im Reiseführer beschrieben und am zweiten wollte uns die Dame in eine bestimmte Richtung drängen. Sie hatte zwar den Anbieter im Programm, den wir uns ausgesucht hatten, wollte uns aber partout zur Buchung bei einem anderen überreden. Außerdem gab sie uns verschiedene Informationen, die so nicht stimmen konnten, u. a. auch, dass man unbedingt drei Tage im Voraus buchen müsse. Wir verließen also unverrichteter Dinge die Buchungsstelle und hängten uns noch mal ans Telefon. Letztlich erreichten wir auch einen unserer Wunsch-Anbieter direkt und buchten vier Plätze für den folgenden Tag, insgesamt sogar $ 16 billiger als über das Activity-Desk. Es rechnet sich also wirklich, aufmerksam zu sein und ein bisschen zu recherchieren.

Der ganze Aufwand hatte sich echt gelohnt, denn wir hatten mit dem ausgewählten kleineren Boot einen wirklichen Volltreffer gelandet. Die Tour ging von einem kleinen Hafen bei Kehaka ab. Das hatte den Vorteil, dass wir bedeutend näher am Beginn der Na-Pali-Coast starteten als die großen Tour-Boote. Die landschaftlichen Highlights begannen also direkt nach dem Start. Das Boot war neu, super in Schuss, die Besatzung meganett und das Essen ein leckerer Traum. Was uns aber besonders gut gefiel, war die Tatsache, dass wir mit dem kleineren Boot auch die Höhlen an der Küste erkunden konnten, in die die großen Boote nicht hineinpassen. Einmal ging's durch Felsbögen sogar in eine Höhle, deren Decke eingebrochen war, die also quasi jetzt »Cave Cabrio« war. Eine ganz spannende Sache.

Gleich zu Beginn kamen wir am Polihale Beach vorbei und waren fasziniert von der Abgeschiedenheit und Weitläufigkeit dieses Strandes. Sofort beschlossen wir, dieses herrliche Fleckchen bei nächster Gelegenheit auch von der Landseite zu erkunden. Aber jetzt erst mal zur »Wasserseite«. Und die war nicht minder herrlich. Zur Einstimmung umkreiste uns eine Schule Delfine, sodass wir diese wunderschönen Tiere ausgiebig beobachten und bewundern konnten. Was für ein traumhafter Start!

Dann erreichten wir die dramatischen Klippen der Na-Pali-Coast mit ihren Wasserfällen und einsamen Stränden. Und so konnten wir auch den Kalalau-Strand zumindest von der Seeseite aus in Augenschein nehmen. Es war schon ein bisschen Wehmut dabei, als ich mir vorstellte, wie aufregend es gewesen wäre, dort am Strand zu zelten und das dahinterliegende Tal zu erkunden. Jetzt konnten wir zumindest vermuten, was uns entgangen war. Seufz. Aber ich will ja nicht meckern, alleine, dass es uns vergönnt war, die Na-Pali-Coast mit dem Boot zu erkunden, ist schon so viel mehr, als vielen anderen möglich ist. Und die spektakulären Eindrücke gab's diesmal sogar ohne körperliche Anstrengung, Schweiß und Dreck. Ich jammere also wirklich auf allerhöchstem Niveau …

Hier an der Na-Pali-Coast sind übrigens die Filme »Six Days/Seven Nights«, »Pirates of the Carribean 4« und »King Kong« gedreht worden. Kaua'i steht als Filmlocation insgesamt ziemlich hoch im Kurs, kein Wunder bei der ursprünglichen Natur und den vielfältigen landschaftlichen Schönheiten, die die Insel zu bieten hat.

Als wir die Na-Pali-Coast ungefähr zu zwei Dritteln erkundet hatten, fing es an stark zu regnen und das Meer wurde immer kabbeliger. Die Bootsbesatzung entschied sich zur Umkehr, um es für uns Gäste entspannter zu gestalten und auf dem Rückweg hatten wir tatsächlich wieder bestes Wetter. So konnten wir auch den Schnorchelstopp und das an Deck aufgebaute Buffet genießen.

Leider waren die Delfine bis dahin verschwunden, das wäre wirklich noch das i-Tüpfelchen gewesen, einmal mit Delfinen zu schwimmen … Nach ungefähr fünf Stunden kamen wir voller toller neuer Eindrücke wieder am Ausgangspunkt an und waren glücklich über diesen erneut wunderschönen Tag im Paradies.

Aber wie nun die nächsten Tage verbringen, wenn der Kalalau keine Option mehr ist?, fragten wir uns im ersten Urlaub. Die Zeit auf Hawai'i war viel zu kostbar, um sie nur damit zu verschwenden, am Hotelpool zu liegen.

Lydgate State Park – Schnorcheln für Anfänger

Hätten wir zu dem Zeitpunkt schon den Lydgate State Park gekannt, wäre das eine wunderbare Alternative für uns alle gewesen. Aber dieses Kleinod in unmittelbarer Nachbarschaft, ja fast in Laufweite unseres altbekannten Motels, das wir auch diesmal wieder bezogen hatten, entdeckten wir erst im nächsten Urlaub. Dort gibt es eine Möglichkeit, gefahrlos zu schnorcheln. Reiner und ich wollten das gerne ausprobieren, Lore und Friedel kamen mit, obwohl sie eigentlich mit Schnorcheln nix am Hut haben. Dass wir dabei den perfekten Ort für ein entspanntes Frühstück und einen tollen Vormittag entdecken würden, hätten wir uns so allerdings nicht träumen lassen. Es sind dort ein kleiner und ein großer Meerwasserpool dadurch entstanden, das man mit riesigen Lavablöcken die Brandung »ausgesperrt« hat. Vormittags ist das Wasser in der Regel wirklich sehr ruhig, am Nachmittag kann's schon mal passieren, dass die Wellen über die Lavablöcke schwappen und es etwas »strubbelischer« wird.

Zwischen den aufgeschütteten Lavablöcken sind genügend Hohlräume geblieben, um einen Wasseraustausch zu gewährleisten und jeder Menge farbenprächtiger Fische den Zugang zu ermöglichen.

Insofern sind die geschützten Pools ein Paradies auch für ungeübte Schnorchler. Man brauchte einfach nur den Kopf unter Wasser zu halten, schon konnte man jede Menge Fische, teilweise auch ziemlich große beobachten, die einen umringten und in allen Regenbogenfarben schillerten. Einfach klasse!

Außerdem darf man hier, und das ist die ganz große Ausnahme auf Hawai'i, tatsächlich die Fische füttern. Wir besorgten uns also etwas Weißbrot und packten es in eine Plastiktüte, deren eine Ecke wir abschnitten. Dort drückten wir immer wieder ein kleines Stückchen Brot heraus. Kaum befand man sich mit der Plastiktüte im Wasser, war man umringt von großen, bunten Fischen. Teilweise brodelte das Wasser um einen herum regelrecht, weil jeder Fisch am schnellsten einen Brocken abbekommen wollte.

Manchmal schon ein etwas merkwürdiges Gefühl, so mitten im »Auge des Sturms« zu stehen. Einmal war mir ein größeres Brotstück ins Wasser gefallen. Ich wollte es greifen, um es in kleinere Stücke zu zerteilen, aber keine Chance. Die Fische stürzten sich so gierig darauf, dass es schon längst verschwunden war, bevor ich meine Hand überhaupt in die Richtung bewegen konnte. Mit der Taucherbrille brauchte man also wirklich nur kurz unter die Wasseroberfläche zu gehen, und sich nicht weiter zu bewegen. Wirklich »Schnorcheln für Faule«. Man schwimmt nicht den Fischen hinterher, sie kommen zu einem. Also eine sehr nette und außergewöhnliche Erfahrung. Zumindest, wenn man damit leben kann, von den Fischen auch mal »angeschubst« zu werden.

Selbst Lore bekam beim Zuschauen Lust, es mal mit dem Schnorcheln zu versuchen und lieh sich Reiners Maske und Schnorchel. Es machte ihr dann so viel Spaß, dass wir später beim nächsten Supermarkt anhielten und auch für sie Ausrüstung besorgten.

So wurde der Lydgate State Park zu unserem bevorzugten »Freiluft-Frühstücks- und Schnorchel-Paradies« der nächsten Tage. Denn nicht nur im Wasser ist's dort genial. Es gibt außerdem oberhalb des kleinen Sandstrandes eine Rasenfläche mit ein paar Schatten spendenden Bäumen und Picknicktischen. Auch Toiletten und Süßwasserduschen sind vorhanden. Wir besorgten uns Frühstück im Supermarkt, fuhren nach Lydgate, packten dort unsere Schätze aus, frühstückten in aller Ruhe und dann ging's eine Runde schnorcheln. Der Park mit seinen vielen Möglichkeiten hatte es uns einfach angetan. Auch Florian war später genauso begeistert wie wir.

So lässt sich doch der Tag angenehm beginnen. Oh, schon wieder dieser Begriff … Aber in dem Zusammenhang wird mir wohl selbst Uwe keinen Strick daraus drehen. Da wir den Lydgate State Park aber im Urlaub mit ihm noch nicht entdeckt hatten, hieß es stattdessen:

Radtour »Spezial«

Neue Idee: Wir mieten uns Fahrräder! Prima Sache, gesagt, getan. Wir hatten auch nach der Abreise von Ulrike und Silke in unserem Van genügend Platz, um alle vier Drahtesel verstauen zu können.

Nach langem Überlegen und Brüten über der Inselkarte kamen wir zu dem Entschluss, am nächsten Morgen mit dem Auto in den Süden nach Waimea zu fahren. Der Süden ist die windabgewandte Seite der Insel und somit meist trocken und sonnig. Und Regen hatten wir die letzten Tage genug gehabt. Wir wollten schließlich keinen Rost ansetzen. Und das in doppelter Hinsicht. Von Waimea aus wollten wir mit den Rädern zum Polihale-Beach fahren. Die Strecke ist ca. 15 km lang und hat keine Steigung, ist also auch für Kniekranke gut machbar. So weit der Plan!

Aber manchmal kommt es anders, als man denkt. Oh, diese Spontaneität – ich gestehe, sie ist mein Laster. Auf der morgendlichen Autofahrt nach Waimea hatten Uwe und ich nichts Besseres zu tun, als uns gegenseitig statt der Tour zum Strand eine Fahrt von Waimea hoch zum Waimea-Canyon schmackhaft zu machen. Bevor ich recht wusste, wie mir geschah und auf was ich mich jetzt schon wieder eingelassen hatte, hatten wir vereinbart, dass Reiner und Corinna die Kniekranken-Beach-Tour machen und Uwe und ich erst zum Waimea-Canyon hochfahren und dann zum Strand nachkommen. Wobei ich gestehen muss, dass mir der Gedanke am Vorabend schon mal kurz durchs Hirn gespukt hatte und ich mit Corinna zusammen auf der Straßenkarte eine Entfernung von 11 Meilen herausgelesen hatte. Auf die Höhenmeter hatte ich natürlich nicht geachtet …

Corinna verabschiedete mich zu der Tour mit den aus ihrem Munde legendären Worten: *»So, Siggi, jetzt zeig dem alten Sack mal, was Frauenpower ist!«* Dieser Spruch von unserem »Stummfilmstar« ließ uns allen den Mund vor Erstaunen offen stehen. Selbst Uwe war in dem Moment zu perplex, um eine passende Erwiderung zu geben. Das hatte Seltenheitswert und war mir Ansporn genug, das Letzte aus mir herauszuholen!

So starteten Corinna und Reiner nach Polihale, während ich mich, angetan mit meinem nagelneuen Rad-Body für 11,94 $ (hätte ich mal besser nicht am Polster für den Allerwertesten gespart ...), mit Uwe zur Bergetappe rüstete. Man muss vielleicht dazu sagen, dass die Stadt Waimea an der Küste auf Meereshöhe liegt und der obere Aussichtspunkt des gleichnamigen Canyons ungefähr 1.200 Meter höher. Also ging's im kleinen Gang ewig bergauf. Irgendwann merkten wir, dass das mit 11 Meilen nicht hinkommen kann, wir hatten uns wohl auf der Karte gestern Abend falsch orientiert. Die Strecke war augenscheinlich bedeutend länger.

Hm, was sagt man manchmal über »Frauen, Kartenlesen und Orientierung«? Ja, ja, ich geb's zu, es war diesmal keine Glanzleistung von mir. Obwohl ich sonst – bis auf gelegentliche Aussetzer, sagt mein Mann gerade und meint damit eine Begebenheit in San Francisco, aber das ist eine andere Geschichte – damit keine Probleme habe.

Obwohl Uwe das vielleicht anders sehen mag. Denn eine markante Stelle gibt es auf der Strecke. Dort sind am Straßenrand auf einer kleinen freien Fläche jede Menge Steine zu verschiedenen Formationen, Steinmännchen ähnlich aufgetürmt. An diese Stelle konnte ich mich von unserer vorhergehenden Besichtigungstour mit dem Van erinnern und meinte zu Uwe: »Die Stelle kenne ich, jetzt sind wir fast da!« Worauf er in schallendes Gelächter ausbrach und antwortete: »Siggi, dein Ortsgedächtnis ist wirklich gigantisch. Ein Wunder, dass du jeden Tag auf die Arbeit und zurück findest«. Worüber ich letztendlich auch grinsen musste, denn wir hatten beide auf gewisse Art und Weise recht. Es war von dort aus nicht mehr weit bis zum Beginn des Nationalparks, allerdings noch ganz schön weit bis zu unserem anvisierten Aussichtspunkt. Der Punkt geht also weder eindeutig an die Frauen- noch an die Männerfraktion ...

Wir konnten nun aber trotz des Wissens um die fehlerhafte Entfernungseinschätzung und nach langer Diskussion zu keiner Einigung gelangen, ob wir umdrehen sollten oder nicht. Wir verblieben dann erst mal so, dass wir am ersten Aussichtspunkt endgültig entscheiden, fahren wir bis ganz oben oder nicht. Erschwert wurde unsere Kommunikation auch dadurch, dass jeder sein eigenes Tempo fuhr und wir uns immer nur zwischendurch mal bei einer Rast trafen. Irgendwann hatte ich Uwe komplett aus den Augen verloren, war mir aber sicher, er befindet sich vor mir. Am untersten Aussichtspunkt angekommen, sah ich mich in der festen Überzeugung, ich müsse ihn hier antreffen, überall um, konnte ihn aber nirgendwo entdecken. Oh Mann, da war der »alte Sack« doch tatsächlich vor mir eingetroffen, hatte nicht auf mich gewartet und war einfach weitergefahren. So mein Gedanke! Das durfte doch nicht wahr sein! Ich war auf 180 und stinksauer!

Nach kurzem Überlegen, was zu tun sei, packte mich dann aber doch der Ehrgeiz. Laut vor mich hinbrummelnd oder eher -fluchend und Selbstgespräche führend, vereinbarte ich mit mir selbst, dass ich bis ganz nach oben zu diesem allerhöchsten, blöden Aussichtspunkt fahren würde. Und wenn ich auf den Brustwarzen hochrobben müsste! So, jetzt ist der Zeitpunkt gekommen, wo ihr an meine großen Sprüche vom Haleakala über die »Downhill-Biker« denken dürft. Ich muss nämlich gestehen, dass mir just in diesem Moment gaaaaanz kurz ein neidvoller Gedanke an sie durchs Hirn blitzte. Fast wäre ich schwach geworden und hätte meine ganz spezielle Radfahrer-Ethik über Bord geworfen. Aber keine Frage, den Weg nach oben aus eigener Muskelkraft war ich schließlich auch Corinna und ihrem anfeuernden Spruch schuldig. Immerhin stand nicht weniger als die Ehrenrettung des gesamten weiblichen Geschlechts auf dem Spiel.

Auf dem weiteren Weg sprachen mich einige Leute, u. a. auch eine ganze Schulklasse ungläubig an, ob ich denn tatsächlich von gaaaanz unten, wirklich von Meereshöhe komme und ob ich denn völlig durchgeknallt wäre. Beides konnte ich nur bestätigen.

Mittlerweile ächzten die Muskeln, die Beine waren schwer wie Blei und mein Allerwertester schien nur noch aus rohem Fleisch zu bestehen. Außerdem hatte sich leichte Schnappatmung eingestellt, die allerdings immer dann für kurze Zeit einer völlig gelassenen und entspannten Miene und tiefen, ruhigen Atemzügen Platz machte, wenn mir jemand begegnete. Da wechselte ich immer mal ein paar nette Worte, um außer Sicht hinter der nächsten Biegung wieder heftigst zu keuchen und mir dringendst ein Sauerstoffzelt zu wünschen.

Also ich muss zugeben, das letzte Stück hatte es in sich und war wahrlich kein Kindergartengeburtstag. Unter anderem deshalb, weil der Asphalt jede Menge Schlaglöcher (manche so tief, dass sie ihr eigenes Ökosystem entwickelt hatten) und Flicken aufwies. Und jeder noch so kleine Hubbel war Höchststrafe für mein geschundenes Sitzfleisch. Außerdem zog sich die Reststrecke wie Kaugummi.

Aber ich schaffte es! Mit stolzgeschwellter Brust radelte ich die letzten Meter zum Aussichtspunkt, nur um was zu sehen? NICHTS! Uwe war nicht da!!! Ich fasste es nicht, wie konnte das sein? Ich hatte nicht die geringste Ahnung!

Nachdem ich mich von der ersten Bestürzung erholt hatte, stieg ich von meinem Drahtesel und setzte mich mit weichen Knien an einen der hölzernen Campingtische. Bei Sandwich und Mineraldrink grübelte ich, wie das jetzt wohl sein kann, dass ich Uwe hier nicht angetroffen hatte. Die Gedanken fuhren Karussell, ich konnte mir absolut keinen Reim darauf machen. Fünf Minuten später kam er dann doch noch angeradelt (ich würde mal behaupten, ähnlich keuchend wie ich – obwohl er das sicher leugnen würde) und die Sache klärte sich auf.

Er hatte nicht genügend Wasser dabei gehabt und deshalb am Visitor-Center kurz haltgemacht, um sich weitere Getränke zu besorgen. Just in diesem Moment muss ich vorbeigefahren sein, ohne ihn gesehen zu haben. Und als er merkte, dass ich nicht zum ersten Aussichtspunkt komme, hatte er genau das vermutet und sich auch bis ganz nach oben durchgeschlagen. So kann's gehen. Was sagt man so schön über die Kommunikation zwischen Männern und Frauen??? Mars und Venus, oder wie war das? Scheint schon was dran zu sein.

Aber jetzt konnte es ja nur noch besser werden! Ganze 18

Meilen (so weit war's tatsächlich), also 29 Kilometer und 1200 Höhenmeter bergab. Juchu! Diese Abfahrt hier hatte ich mir wirklich redlich verdient!

Vorab hatten wir vereinbart, dass wir auch den Weg nach unten getrennt zurücklegen, denn ich war mir gaaaaanz sicher, dass ich viel häufiger auf der Bremse stehen würde als er. Im Gegensatz zu Uwe ist bei mir das Angst-Gen nämlich noch sehr aktiv und nicht direkt nach der Geburt entfernt worden. Ich wollte ihn damit nicht ausbremsen und so fuhren wir separat. Aus der tollen Downhill-Strecke wurde dann aber – zumindest für mich – ein Erlebnis der besonderen Art!

Kaum hatte ich mich wieder in den Sattel geschwungen, fing es an zu schütten wie aus Eimern. Wieder mal so ein richtiger tropischer Regenguss, der in Sekundenschnelle alles durchnässte. Schlammbäche – ja, richtig vermutet: Red Dirt – flossen über die Straße und ich sah innerhalb kürzester Zeit aus, als hätte ich mich regelrecht im Dreck gesuhlt. Dann verschaltete ich mich auch noch und die Fahrradkette sprang herunter. Na toll. Es war bei dem Wetter ein echter Hochgenuss, die Kette wieder zu montieren. Jetzt war ich also nicht nur nass und schlammig, sondern hatte auch noch total ölige Finger.

Aber weiter im Text bzw. mit der Abfahrt. Am nächsten Aussichtspunkt machte ich einen kurzen Stopp, weil ich zur Toilette musste. Als Frau hat man manchmal wirklich strategische Nachteile. Beim Ausziehen des T-Shirts, das ich über meinem Rad-Body trug, blieb ich an einem meiner Ohrringe hängen und er fiel herunter. Man stelle sich jetzt das Toilettenhäuschen vor, das auf einer Betonplatte stand und dessen Holzwände unten einen guten Spalt offen waren. Durch das Unwetter hatte es jede Menge Wasser und natürlich auch Schlamm hineingeschwemmt und genau dorthin war mir der Ohrring gefallen. Die Ohrringe waren kein Modeschmuck, sondern kleine Stecker, die mein Mann extra für mich hatte anfertigen lassen. Ich trage sie immer und sie bedeuten mir wirklich viel. Also was half's. Auf die Knie, bzw. in die Hocke und dann stocherte ich in der Schlammbrühe nach dem guten Stück.

Uff. Es dauerte eine ganze Weile, aber letztendlich fand ich ihn Gott sei Dank wieder. Nur der Verschluss blieb verschwunden, aber damit konnte ich leben und war wirklich sehr erleichtert.

Ich schwang mich also wieder aufs Rad und strebte so schnell es mir möglich war dem Meer zu. Auf 27 von 29 km schüttete es und ich musste mich immer wieder mit Selbstgesprächen aufmuntern. Diesen Ausflug hatte ich mir wahrlich anders vorgestellt.

Ungefähr zwei Kilometer vor dem Endpunkt kam die Sonne wieder durch und strahlte vom Himmel. Uwe kam mir mit dem Auto entgegen, da er bereits seit einer halben Stunde unten war und auf mich gewartet hatte. Nachdem ich innerhalb dieser Frist nicht aufgetaucht war, hatte er befürchtet, es hätte mich aus einer der vielen Kurven getragen und in den Graben gebügelt. Sehr aufmerksam, dass er nach mir schauen wollte, aber jetzt hatte ich auch meinen Stolz und die letzten zwei Kilometer bis zum Meer wollte ich aus eigener Kraft auch noch schaffen. Was mir auch gelang!

Wir trafen uns am Parkplatz und ich zog mir erst mal trockene, saubere Klamotten an. Welche Wohltat! Dann verstauten wir die Räder im Van und fuhren los, um Corinna und Reiner abzuholen. Eigentlich hatten wir ja mit dem Rad hinfahren wollen, aber aus den geplanten drei Stunden waren fünf geworden und ganz ehrlich, so richtig große Bäume hätte ich jetzt nicht mehr ausreißen können. Auch mein Hintern war froh, den Fahrradsattel losgeworden zu sein. Den Rest des Tages lief ich auch ziemlich breitbeinig durch die Gegend, Reiner meinte später charmant, es würde so aussehen, als hätte ich meinen Gaul an der Parkuhr stehen, aber das war mir ziemlich egal, es schmerzte einfach nur höllisch.

Uff, was für ein Tag. Aber insgeheim war ich schon ganz schön stolz auf mich, dass ich die Tour durchgestanden hatte.

Weil es schon so spät geworden war, kamen uns Corinna und Reiner entgegengefahren, sodass wir sie an Bord nahmen und umdrehten, noch bevor wir Polihale erreichten. Die beiden hatten am Strand einen herrlichen Sonnentag verbracht, hier direkt an der Küste hatte kaum ein Wölkchen den strahlend blauen Himmel getrübt. Sie hatten ordentlich Farbe bekommen – im Gegensatz zu mir, da war's wohl eher wieder mal Schlamm oder Rost. Und schwärmten von der Idylle am Polihale-Beach. Sie waren beeindruckt von der Breite des Sandstrandes, den tollen Dünen und auch von der Gewalt der hereinbrechenden Wellen.

Hier ein kleiner Eindruck vom Ende dieses Strandes, wo die berühmte Na-Pali-Coast beginnt. In die andere Richtung gibt es Sand satt, so weit das Auge reicht.

Polihale Beach

Polihale Beach – unerreichte Sonnenuntergänge

Mit Lore und Friedel planten wir ebenfalls einen Besuch in Polihale. Reiner war so begeistert von dem Strand, dass er ihn uns gerne zeigen wollte. Der Weg dorthin ist mit dem Auto nicht ganz ohne, weil er nach Ende der befestigten Straße über eine kilometerlange Sandpiste führt. Je nachdem, ob und wie stark es in den letzten Tagen geregnet hat, kann es wirklich passieren, dass man stecken bleibt. Aber wir waren willens, das Risiko einzugehen und es zu versuchen. Wir wollten vorher nur schnell im Supermarkt in Lihue noch etwas besorgen.

Aus dem kurzen Einkaufsstopp wurde allerdings ein unfreiwilliger Aufenthalt von ungefähr drei Stunden auf dem Parkplatz. Als wir nämlich aus dem Laden kamen, entdeckte Friedel, dass einer unserer Reifen platt war. Da wir in unserem Mietwagen kein Werkzeug hatten, mussten wir beim Vermieter anrufen, der einen Pannendienst für uns organisierte. Nun hockten wir auf dem Parkplatz, warteten auf den »gelben Engel« und machten dabei ziemlich intensiv Bekanntschaft mit dem, was man so »Hawaiian time« nennt.

Denn, wie anfangs schon erwähnt, gehen die Uhren auf Hawai'i und speziell hier auf Kaua'i wirklich langsamer, Hektik ist eindeutig ein Fremdwort. Insofern warteten wir gefühlte Stunden und waren schon versucht, bei der Mietwagenfirma nachzufragen, ob sie uns vergessen hätten, als der Monteur in aller Seelenruhe auf den Parkplatz fuhr. Mit der gleichen Geschwindigkeit, nämlich sehr gemächlich, zog er uns das Not-Rad auf und wünschte uns anschließend ganz entspannt einen schönen Tag. Ich weiß nicht, ob ich's schon erwähnt habe, aber Geduld ist nicht immer meine Stärke und die Wartezeit hatte mich trotz »Urlaubsmodus« dann doch an meine Grenzen gebracht. Aber man weiß ja nie, wozu es gut ist – und vielleicht sollte es an diesem Tag einfach nicht Polihale sein.

Nachdem der Reifen jetzt gewechselt war, hatten wir nämlich dann doch arge Bedenken, ob wir es mit dem Not-Rad an besagten

Strand schaffen würden. Mittlerweile war es auch schon später Nachmittag geworden. Wir entschieden uns, Vernunft walten zu lassen und dem Rat des Autovermieters zu folgen. Wir tauschten dort das Auto gegen eines mit vier regulären Reifen. Polihale mussten wir insofern leider streichen. Aber wenigstens passierten uns solche Sachen immer in unmittelbarer Nähe der Autovermietung und es war auch jeweils kurzfristig ein Austauschfahrzeug zur Verfügung. Also noch Glück im Unglück.

Mit Flo zusammen schaffte auch ich es dann endlich, mir diesen ganz speziellen Strand aus der Nähe anzusehen – und war restlos begeistert! Weil es uns dort allen so gut gefiel, packten wir auch an den folgenden beiden Tagen unser Dinner ein und wir picknickten in Polihale mit Blick auf den spektakulären Sonnenuntergang.

Polihale steht für einen 15 Meilen langen, breiten Sandstrand, der von Dünen begrenzt ist und – gähnende Leere. Es verirren sich nur wenige Leute dorthin. Wir hatten den Strand dann auch größtenteils für uns allein, tobten herum, fotografierten und ließen es uns einfach gut gehen. Mit Baden war's allerdings schwierig. Wir trauten uns nur bis kurz übers Knie rein, denn nicht nur die Sonnenuntergänge, sondern auch die Brandung war spektakulär. Aber macht nichts, das Ambiente machte diesen kleinen Negativpunkt mehr als wett.

Gegen Abend machten wir mit Corinna und Uwe auf dem Rückweg von unserer Radtour noch einen Abstecher nach Poipu-Beach. Dort konzentriert sich auf Kaua'i der Tourismus, weil es im Regenschatten der Berge liegt und so gut wie immer die Sonne scheint. Außerdem ist der Strand mit seinen Tidepools, den Gezeitentümpeln und dem herrlichen Sand auch wirklich schön und man kann prima baden. Dass sich in Poipu der Tourismus konzentriert, bedeutet jetzt nicht, dass es hier zugeht wie in Honolulu. Es ist immer noch Kaua'i, das heißt, alles ist entspannt und gemächlich und nicht überlaufen.

An diesem Strand hatten wir das Riesenglück, eine der nur zwei ursprünglich auf Hawai'i beheimateten Säugetierarten anzutreffen. Eine Mönchsrobbe aalte sich in der Sonne. Diese Tierart ist akut gefährdet und die Behörden hatten deshalb einen Bereich mit Absperrband gesichert, damit die Robbe ungestört ausruhen und Kräfte sammeln konnte. Man durfte aber trotzdem relativ nahe heran und konnte sie gut beobachten.

Die andere Säugetierart, die den Weg auf natürliche Weise nach Hawai'i geschafft hat, ist eine spezielle Fledermausart, alle anderen Säugetiere wurden später von Menschen eingeführt.

Anschließend landeten wir in Koloa, einer kleinen Stadt mit Galerien und schnuckeligen Geschäften. Dort fanden wir eine nette kleine Kneipe. Sie lag etwas versteckt und war fast ausschließlich von Einheimischen besucht. Man konnte sich dort sein Fleisch oder seinen Fisch selbst grillen. Das war total lustig und gemütlich. Die beiden Jungs waren bei der Grillerei auch voll in ihrem Element. Dann ging's nach Hause und ich fiel nach diesem anstrengenden Tag wie eine Tote ins Bett.

Wanderung auf dem Pihea- und Alaka'i-Swamp-Trail

Auch der nächste Tag führte uns zum Waimea-Canyon. Allerdings diesmal wieder mit dem Auto. Wir hatten uns auf Corinnas Vorschlag als »Plan B« mit dem Pihea-Trail einen Wanderweg ausgesucht, der uns im Kokee-Forest in die Nähe der Alaka'i-Sümpfe auf dem Gipfel des Mt. Wai'ale'ale führen sollte. Leider konnte Reiner nicht mitkommen und so relaxte er mit Eisbeuteln auf dem Knie im Motel. Wir drei anderen starteten vom Kalalau-Lookout, der vor Kurzem der Endpunkt unserer Radtour gewesen war, und wanderten über eine stark erodierte Klippe oberhalb des Kalalau-Valleys. Ein kurzer Abstecher belohnte uns mit einem herrlichen Panoramablick ins Tal. Dazu erklommen wir mit viel Kraxelei und Händen und Füßen den steilen Aufstieg zu einem wunderschönen Aussichtspunkt.

Danach führte der Pfad bergab und verlief meist über Holzstege und feuchtes, bemoostes Gebiet. Die Sonne schien und vor uns lag ein richtiges Märchenland. Dieses Tal war ganz anders als alles, was wir bisher von Hawai'i gesehen hatten. Mir fällt kein anderer Begriff als »lieblich« dafür ein. Ein lichtdurchfluteter Baldachin aus Zweigen, herrliche Blumen, ein sanft dahinplätschernder kleiner Fluss und rundherum Stille. Außer uns niemand zu erblicken. Man erwartete fast, gleich Feen und Elfen herumtanzen zu sehen … Herz, was begehrst du mehr – ein wahrer Garten Eden! Einfach unbeschreiblich schön. Selbst Uwe verstieg sich zu der Äußerung: »Tatsächlich eine Lokalität mit hohem Aufforderungscharakter« – sein Synonym für einen romantischen Ort. Also »another day in paradise« – ein weiterer Tag im Paradies.

Auf der Talsohle angekommen, picknickten wir das mitgebrachte Obst und richteten uns auf dem weichen Boden bequem für ein Nickerchen ein. Das kam uns nach den vergangenen anstrengenden Tagen gerade recht. Nach einem einstündigen Schläfchen sammelten wir unsere Siebensachen wieder ein und machten uns gestärkt an den Aufstieg. Die Wanderung war wunderschön. Mir tat es nur leid, dass Reiner sie nicht hatte miterleben können.

Auf dem Weg nach oben kamen wir erneut an dem Abzweig vorbei, an dem es in den Alaka'i-Swamp geht. Schon da faszinierte mich die Idee, mir auch dieses ganz besondere Terrain einmal anzuschauen. Leider passte es nicht mehr in unseren Zeitrahmen. Ein paar Jahre später gelang Reiner und mir dann aber doch der Abstecher Richtung Hochmoor:

Wir starteten allerdings unter schlechten Vorzeichen. Es nieselte und hatte auch in den letzten Tagen öfter geregnet. Der Pfad in Richtung Abzweig zum Alaka'i-Swamp war dementsprechend schlüpfrig und lehmig. Nach einer Weile kamen wir zudem an eine Steigung mit so hohen Felsstufen, dass meine Beine kaum ausreichten. Lore und Friedel beschlossen umzukehren und auch ich war mir keineswegs sicher, ob es eine gute Idee ist, jetzt weiterzugehen. Mich reizte aber der Sumpf so ungemein, dass ich mich dann doch entschied, es zumindest noch ein Stück zu versuchen. Lore ließ mir die Wanderstöcke da und so kämpfte ich mich durch den Schlamm hoch, indem ich mich an Wurzeln hochzog und mich auf die Stöcke abstützte. Mehrfach zweifelte ich allerdings, ob meine Entscheidung richtig war, und konnte nur hoffen, hier wieder mit heilen Knochen rauszukommen.

Nach dem Abzweig in den Alaka'i-Swamp-Trail begann endlich ein Brettersteg. Juchu, ich war begeistert, dass wir es geschafft hatten. Jetzt konnte ja nix Schlimmeres mehr kommen. Allerdings war der Boardwalk nur ein kurzes Intermezzo und der Trail führte schon bald erneut über schlammiges und rutschiges Terrain. Es ging über Stock und Stein, Wurzeln, abschüssiges Gelände, durch kleine Bäche, also vom Schwierigkeitsgrad her ähnlich dem Kalalau-Trail, allerdings ohne dessen grandiose Aussicht auf das Meer und die Küste. Nichtsdestotrotz war es sehr eindrucksvoll, unter einem dichten Baldachin aus Bäumen und Pflanzen zu wandern und im Gegensatz zum ersten Teil des Kalalau-Trails war dieser Pfad auch nur sehr wenig frequentiert. Man traf kaum eine Menschenseele. Die Atmosphäre war eher

Pihea Trail

die des Innehaltens, der Stille, des in sich Hineinhörens und der Abgeschiedenheit.

Der Bereich des Sumpfes, den wir dann erreichten, hatte zudem etwas Verwunschenes. Der Pfad führte jetzt nur noch über Holzstege, die Vegetation ging von dschungelähnlichem Wald in Krüppelbewuchs, Sträucher und niedrige Büsche über. Es nieselte und hinter dem Nieselregen hatte man das Gefühl, die Sonne wolle jeden Moment durchblitzen. Das ergab eine geradezu mystische Atmosphäre. Die Regentropfen auf den Sträuchern und Büschen glitzerten im fahlen Licht. Helle Flechten und Moose bedeckten größtenteils die darunter liegenden Pflanzen. Wir kamen uns vor, als wären wir die einzigen Menschen auf einem ganz ungewöhnlichen und ziemlich fremdartigen Planeten.

Trotz dieser seltsam ruhigen Erfahrung und der meditativen Stimmung, in die mich diese urtümliche Landschaft versetzt hatte, blitzte meine kindliche Neugier durch und ich musste unbedingt jetzt und sofort klären, wie tief hier tatsächlich der Sumpf ist. Ich versuchte also mal eben, wie tief einer der Wanderstöcke neben dem Plankenweg einsinken würde. Ratzfatz war er bis zum Griff verschwunden! Damit hatte ich nicht gerechnet und war regelrecht erschrocken darüber. Also die Idee auf dem befestigten Weg zu bleiben, war wohl doch nicht so übel.

Inzwischen hatten wir jegliches Zeitgefühl verloren, wussten auch nicht genau, wie lange es noch bis zum Endpunkt des Weges dauern würde. Ein Blick auf die Uhr zeigte uns dann, dass wir schon deutlich länger unterwegs waren, als wir dachten. Da unsere Reisebegleiter auf dem Parkplatz auf uns warteten, beschlossen wir, uns auf den Rückweg zu machen. Zumal wir wussten, dass der Marsch zurück uns mehr Zeit kosten würde, denn der beständige Regen versetzte den Pfad in einen immer schlechteren Zustand. Ich kann insofern also nicht beurteilen, wie es ganz oben am feuchtesten Punkt der Erde aussieht. Schade, aber vielleicht gibt's ja irgendwann noch mal die Gelegenheit. Jedenfalls war der Eindruck, den wir bis hierher gewonnen hatten, schon äußerst faszinierend. Und mit viel Gekraxel, Geschlitter und Gestolper schafften wir auch den Rückweg.

Allerdings sah ich wieder mal völlig verdreckt aus. Meine Beine und die komplette kurze Hose waren schlammverkrustet, die Wanderschuhe kaum noch als solche zu erkennen, sie wirkten eher wie Schlammklumpen. Ich begreife nicht, wie Reiner es schaffte, einigermaßen sauber und adrett auszusehen. Seine Hose war sauber, die Beine sahen auch noch ganz ordentlich aus – nur ich musste mich mal wieder bis zur Unkenntlichkeit einsauen. Na ja, den Modelwettbewerb gewinnen andere …

Aber nun wieder zurück zum Abschluss des Pihea-Trails. Auf den Parkplatz zurückgekehrt, auf dem wir unser Auto abgestellt hatten, konnten wir dann sogar noch »Nene-Gänse« beobachten und kehrten voller neuer Eindrücke zu Reiner zurück.

Am späteren Nachmittag statteten Uwe und ich dem Fitnessstudio in Kapa'a noch mal einen letzten Besuch ab. Das war ein »ehrliches« Studio. Uwes Beschreibung für ein Gym, bei dem kein Wert auf »Schnickschnack« gelegt wird. Schnickschnack bedeutet in seinen Augen: Aerobic-Kurse, eine schicke Bar oder Ähnliches. Dieses Studio war wirklich sehr »ehrlich«, denn es gab nicht mal Umkleideräume (zumindest nicht für Frauen) und Duschen. Umgezogen hab ich mich dann im Abstellraum. Man ist ja flexibel.

Anschließend brachten wir noch die vier geliehenen Fahrräder zurück. Dabei stellten wir fest, dass die Müllsäcke, die wir zum Schutz des Teppichs im Kofferraum unter die Räder gelegt hatten, leider Risse bekommen hatten und der Teppich von der Fahrradschmiere jede Menge schwarze Streifen abgekriegt hatte. Mit Wasser war da ja natürlich nix auszurichten. Ich weiß gar nicht mehr, wer von uns beiden auf die verrückte Idee kam, es mal mit »echtem Männerschweiß« zu versuchen. Jedenfalls zog Uwe sein vom Training total verschwitztes T-Shirt aus und wir bekamen die Fahrradschmiere damit tatsächlich größtenteils weg. Ideen muss man haben. Auch die Erinnerung an diese verrückte Aktion lässt uns seit Jahren immer wieder schmunzeln und der Begriff »echter Männerschweiß« ist zum geflügelten Wort geworden.

Und jetzt eine Stippvisite zum Kealia-Beach in fast unmittelbarer Nähe unseres Motels. Wie schon erwähnt, sollte mich hier der ultimative Ritt erwarten. Nun also ist es so weit. Der Reiseführer schwärmte in den höchsten Tönen von den fantastischen mächtigen Wellen und davon, dass der Strand ein Superplatz zum Boogie Boarden ist. Allerdings wurde auch davon gesprochen, dass Sog und Backwash, also der Wellenrückstrom dort mitunter heftig sind. Die Beschreibung endete mit dem Hinweis: »If the surf is high, definitely leave it for the big boys.« Die Geschichte reizte mich natürlich total! Nach meinen Erfahrungen am Einsteigerstrand Napili war meine Begeisterung fürs Boogie Boarden geweckt und ich bequatschte Reiner, Lore und Friedel, mit mir nach Kealia zu fahren. Schon die Autos auf dem Parkplatz waren ein eindeutiges Indiz für die spezielle Qualität des Strandes. Kein einziger hochglanzpolierter Touristenmietwagen war zu sehen! Alle Fahrzeuge waren Pick-ups oder Jeeps, oft total verbeult, manche wurden nur noch durch Duct-Tape zusammengehalten. Ganz klar, das war das Revier der »großen Jungs«, kein Touristenententeich wie Napili.

Trotzdem schnappten wir unsere Bretter und trabten in Richtung Meer. Okay, wir hatten wohl einen Tag erwischt, an dem es uns zumindest vertretbar und nicht lebensgefährlich erschien, ins Wasser zu gehen. Friedel passte; nach einem schweren Autounfall vor Jahren hat er in einem seiner Beine nur verminderte Kraft und dafür war die Brandung dann doch zu stark. Lore planschte ohne Brett ein bisschen und Reiner und ich versuchten es tatsächlich mit dem Board. Meine Güte! Mein Respekt vor den Surfern und natürlich auch vor den Boogie-Boardern – stieg ins Unermessliche. Wir versuchten, gegen die Brandung ein Stück nach draußen zu kommen, um eine geeignete Welle zu erhaschen. Schon alleine das ständige unter den Wellen hindurchtauchen ist ja dermaßen anstrengend und kraftraubend. Nach unseren ersten wenig erfolgreichen Versuchen schnallten wir uns die Flossen an, dann ging's ein ganzes Stück besser. Aber wir erwischten trotzdem einen Vollwaschgang nach dem anderen. Ein ums andere Mal wirbelte es uns durcheinander, wir schluckten Wasser ohne Ende und entfernten uns trotz aller Anstrengung doch kaum vom Ufer.

Bis, ja bis ich die perfekte Welle erwischte! Eigentlich wollte ich mit dem Brett noch weiter rauspaddeln und unter einer anrollenden Welle hindurchtauchen. Ich hatte mich aber verschätzt und erwischte sie im falschen Winkel. Die Welle wirbelte mein Board herum und urplötzlich sauste ich mit einer Geschwindigkeit Richtung Strand, dass mir Hören und Sehen verging. Es war der absolute Wahnsinn, einfach atemberaubend. Der Ritt dauerte bestimmt noch nicht mal eine Minute, ich kann's gar nicht genau sagen, hatte jegliches Zeitgefühl verloren. Trotzdem war es ein unbeschreibliches Hochgefühl, ich war eins mit der Welle, ließ mich von ihr tragen, steuerte das Board und erreichte den Strand völlig glückselig, euphorisch und auf Wolke sieben. Ein ganz besonderer Kick. Klingt jetzt fast melodramatisch, fühlte sich aber wirklich so an. Vielleicht ist es genau dieses Gefühl, das alle Surfer suchen?

Das schrie natürlich nach sofortiger Wiederholung. Also aufstehen und sich direkt wieder in die Brandung stürzen. Aber Wiederholung leider ausgeschlossen. Es sollte eine einmalige Erfahrung bleiben. Ich versuchte es noch ein paar Mal, ohne Erfolg. Nach mehreren fehlgeschlagenen Versuchen schleuderte mir eine Welle das Board auch noch mit solcher Wucht gegen den Daumen, dass sich meine alte Volleyballverletzung schmerzhaft zurückmeldete und mir die Lust am Weitermachen verleidete. Jedenfalls wird mir dieses einmalige Gefühl immer präsent bleiben und vielleicht liegt der Reiz ja gerade darin, dass es nicht beliebig wiederholbar und bis heute einzigartig geblieben ist.

Zwar kam ich auch im Urlaub mit Flo nicht an Kealia vorbei. Aber die Vorzeichen standen ungünstig, es war einfach nicht der richtige Tag. Die Brandung rollte mit solcher Heftigkeit herein, dass ich erst eine ganze Weile am Strand stand, die Wellen beobachtete und überlegte, ob ich mich überhaupt ins Wasser wagen sollte. Auf Empfehlung des Lifeguards versuchte ich es dann direkt an der linken Seite in der Nähe eines aufgeschütteten Wellenbrechers. Aber ähnliche Glücksmomente wie beim ersten Mal blieben leider aus. Dazu muss eben einfach alles passen. Also zehre ich bis heute von dem *einen* perfekten Ritt. Eins weiß ich jedenfalls genau: Wenn ich auf Hawai'i leben würde, ich wäre jeden Tag auf dem Wasser!

Unseren Abschiedsabend auf Kaua'i gestalteten wir zuerst kulinarisch köstlich auf unserem Zimmer. Wir holten uns Salate, Pizza und Vanille-Eis mit Riesenerdbeeren. Dazu gab's Wein und Whiskey. Wie lecker. Anschließend ging's in die Bar um die Ecke, und wir beschlossen unseren letzten Abend mit einem Cocktail. Dabei kam erstmals ein bisschen Wehmut auf, ich konnte nicht mehr verdrängen, dass die Momente auf den wunderschönen Inseln gezählt waren und sich jetzt wirklich dem Ende näherten. Also lautete die Devise: Jede verbleibende Minute auskosten!

Frei nach diesem Motto vereinbarten Uwe und ich, dass er am nächsten Morgen um 6.30 Uhr bei mir klopfen würde, um mich mit zum Gym zu nehmen. Ich stellte mir den Wecker auf 6.20 Uhr. Das Studio öffnete sowieso erst um 7 und wir hatten es nicht weit, das sollte also reichen. Um Schlag halb sieben stand Uwe tatsächlich schon fix und fertig vor meiner Tür, während ich noch im Schlafanzug herumsprang. War halt spät gestern! Aber sein gutmütiger Spott über mein verwuscheltes Aussehen brachte mich dazu, in Windeseile in meine Sportklamotten zu springen. Um Punkt 7 saßen wir auf dem Ergometer und strampelten und schwitzten eineinhalb Stunden wie die Verrückten. Nach dem anschließenden Sprung in das kühle Nass des Pools fühlte ich mich dann allerdings wie neugeboren und konnte es auch gedanklich ertragen, dass der Abschied von Kaua'i gekommen war.

Dann ging's ans Rucksack packen, den Mietwagen abgeben und ab zum Flughafen. Dort erfuhren wir, dass unser Flug gestrichen worden war und ganz ehrlich, ich frohlockte schon. Ich hätte es ganz locker noch länger auf diesem traumhaften Fleckchen Erde ausgehalten. Das war mir aber leider nicht vergönnt. Denn im etwas früheren Flieger waren noch vier Plätze verfügbar und so landeten wir eher als erwartet wieder in Honolulu.

Den Nachmittag verbrachten Corinna und ich zuerst im Ala Moana Shoppingcenter und anschließend am Strand von Waikiki und waren erneut total enttäuscht. Im Einkaufszentrum und am weltberühmten Strand war uns einfach viel zu viel los. Nach den Erfahrungen der letzten drei Wochen, besonders auf Kaua'i waren wir das überhaupt nicht mehr gewohnt. Vielleicht lag es auch daran, dass der Urlaub sich in Riesenschritten seinem Ende näherte und wir einfach nicht in der richtigen Stimmung waren, um uns auf Waikiki einzulassen. Da erreichten mich wohl schon erste Ausläufer des Nachurlaubs-Blues, der mich damals mit schöner Regelmäßigkeit zu Hause erwischte. Die beiden Männer waren derweil mit Begeisterung im Fitnessstudio zugange. Ich dagegen hätte den letzten Tag auf O'ahu nicht mehr gebraucht.

Am Folgetag ging unser Flieger zurück nach ...

Los Angeles

Wir saßen in der drittletzten Reihe auf den Mittelplätzen. Nach ungefähr vier Stunden Flugzeit fragte sich Corinna laut, was denn die rasselnden Geräusche hinter uns verursachen würde. Mir waren sie noch gar nicht aufgefallen. Ich war wohl in Gedanken noch bei unseren Erlebnissen auf Hawai'i und noch gar nicht richtig im Flieger und auf der Heimreise angekommen. Aber als Corinna die Geräusche erwähnte, erreichten sie natürlich auch mich in aller Deutlichkeit.

Nach dem Herumdrehen wussten wir, woher sie kamen. Die beiden letzten Reihen waren mit Strafgefangenen und Polizisten besetzt, kaum vorstellbar, dass uns das nicht schon beim Einsteigen aufgefallen war. Aber so ist das wohl mit der selektiven Wahrnehmung. Manchmal ist man einfach zu sehr mit sich selbst beschäftigt und nimmt die Welt um sich herum kaum wahr.

Die Gefangenen waren jedenfalls mit Hand- und Fußfesseln ausgestattet sowie mit einer Verbindungskette zwischen Händen und Füßen. Davon kamen die rasselnden Geräusche. Und ganz ernsthaft, einige der Herren hätten glatt in Hollywood-Gangsterdramen mitspielen können. Ihr Aussehen entsprach haargenau meiner Vorstellung von »schweren Jungs«. Mir lief es kalt über den Rücken. Und sofort, ohne dass ich es hätte beeinflussen können, schossen mir Bilder von Action-Filmen mit Gefangenenrevolten über den Wolken und Flugzeugabstürzen in den Kopf. Natürlich sagt der gesunde Menschenverstand, dass die Wahrscheinlichkeit für dieses Horrorszenario verschwindend gering ist, trotzdem blieb ein merkwürdig flaues Gefühl im Magen. Mit viel Interesse beobachten wir nun die Vorgänge in unserem Rücken. Erst jetzt fiel uns auch auf, dass sich im ganzen Flugzeug keine Stewardess befand. Den Job hatten ausschließlich Männer. Insofern vielleicht ganz gut, dass ich nicht beim Einsteigen schon meine Aufmerksamkeit auf die letzten Sitzreihen gerichtet hatte. So konnte mir mein Kopfkino nur in den letzten beiden Flugstunden bunte Bilder vorgaukeln …

Jedenfalls kamen wir wohlbehalten in LA an, wo wir vor unserem endgültigen Rückflug nach Deutschland noch ein paar Tage eingeplant hatten.

Reiner, Corinna und ich nahmen unseren reservierten Mietwagen in Empfang und checkten im Hotel in Venice-Beach ein. Uwe holte derweil seine Freundin Heike im Hotel ab. Sie war für einen zehntägigen Urlaub mit ihm eingetroffen und die beiden fuhren zu Freunden, bei denen sie übernachten wollten. Wir hatten verabredet, uns am Abend in einem japanischen Restaurant in den Hollywood Hills zu treffen. Von dort oben sollte man einen fantastischen Ausblick auf die ganze Stadt haben.

Auf dem Weg dorthin stoppten wir kurz vor dem Mann's Chinese Theater und besichtigten den »Walk of Fame« mit den Sternen und den Fußabdrücken der Stars.

Pünktlich zur verabredeten Zeit trafen wir bei dem Restaurant ein. Allerdings hatten wir nicht damit gerechnet, dass es soooo nobel sein würde. Das Publikum hatte sich mächtig in Schale geworfen, das kleine Schwarze war Pflicht. Wir dagegen kamen uns schon beim Valet-Parking (dem Parkservice) ziemlich deplatziert vor. Reiner trug seine Wander-Zip-Hose, ein weißes Langarmshirt und seine nackten Füße steckten in Sportsandalen. Corinna war in Jeans und buntem T-Shirt unterwegs und ich in Turnschuhen, schwarzer Wanderhose und Ringelshirt. Mehr an Styling gab unser Rucksack nicht her. Wir fühlten uns so richtig fehl am Platze. Da war der Titel wieder mal Programm: Wir Landeier in der Großstadt.

In das Restaurant selbst wurden wir dann auch nicht eingelassen, unser legeres Outfit passte nicht zum Dress-Code. Allerdings hatten wir die Möglichkeit, uns an die Bar zu setzen. Dort warteten und warteten wir auf Heike und Uwe, geschlagene eineinhalb Stunden. Und die Zeit kann ganz schön lang werden, wenn man sich nicht wohlfühlt. Außerdem bekamen wir langsam Hunger. Als sie dann immer noch nicht aufgetaucht waren, bestellten wir uns an der Bar etwas zu essen. Das Essen selbst war interessant und das erste Mal, dass ich Bekanntschaft mit Sushi und Sashimi machte. Heutzutage ist das ja schon zum Allgemeingut geworden, aber zu der Zeit fand ich es sehr spannend und aufregend.

Nach einer weiteren halben Stunde trudelten Heike und Uwe

ein. Sie hatten sich auf dem Weg zum Restaurant verfahren und waren dann auch noch in einen Stau geraten. Los Angeles ist eben einfach ein Moloch. Und ein Handy hatten wir damals alle noch nicht dabei. Jedenfalls waren die beiden ein wenig abgespannt und so beschlossen wir den Abend und fuhren in unser Hotel zurück.

Am folgenden Tag, einem Sonntag, trafen wir uns zum Frühstück in Venice-Beach im Sidewalk-Cafe. Das ist zwar kulinarisch keine Offenbarung, sondern eher gediegene Hausmannskost, aber es liegt direkt an der Strandpromenade. Man kann also beim Frühstück schon die ganzen wunderlichen, schrägen, schrillen Leute beobachten, die dort am Wochenende, speziell am Sonntag, flanieren. Ein Platz in der ersten Reihe vor der Bühne des quirligen kalifornischen Lebens!

Nach diesen ersten stationären Eindrücken ließen Corinna, Heike und ich unsere beiden Kniekranken zurück und fuhren mit geliehenen Inline-Skates am Strand entlang. Der Weg führte uns bis zur berühmten Santa-Monica-Pier und noch ein Stückchen darüber hinaus. Das war ein ganz spezielles Erlebnis! In Kalifornien hat das Wort »Körperkult« wirklich eine besondere Bedeutung. Das bunte Völkchen an diesem Ort lebt ganz nach dem Motto: »Sehen und (insbesondere) gesehen werden.« So viele gut aussehende und durchtrainierte Jungs und Mädels habe ich noch nie auf einem Fleck gesehen. Da sieht man niemanden mit dem »polynesischen Schönheitsideal«. Alle sind rank und schlank und muskulös; das Sixpack ist quasi obligatorisch.

Das »polynesische Schönheitsideal« ist übrigens kein Witz. Auf den hawaiianischen Inseln galten früher tatsächlich große Personen mit mächtiger Leibesfülle als besonders attraktiv. Teilweise sieht man das dort auch heute noch so. Als wir einmal an einer Tankstelle abseits der Strandregion anhielten und Reiner sich anschickte, unseren Tank zu befüllen, kam er mit ein paar Jungs ins Gespräch, die als Erstes von ihm wissen wollten, ob er denn wrestlen würde. Als er das verneinte, kam die unvermeidliche nächste Frage: »Aber dann machst du doch wenigstens Armdrücken, oder?« Daran haben wir uns mittlerweile schon gewöhnt. Das passiert ihm wegen seiner beeindruckenden Statur in den USA immer mal wieder, über dreißig Jahre Krafttraining lassen grüßen. Aber die nächste Frage lautete, ob er denn auch auf schwergewichtige und große Frauen stehen würde, wie sie hier hoch um Kurs ständen. Just in dem Moment kletterte ich aus dem Auto und wollte mir noch schnell etwas zu trinken kaufen, hatte allerdings die Unterhaltung nicht mitbekommen. Als Reiner mich seinen ebenfalls schwergewichtigen Gesprächspartnern vorstellte, bekamen sie zuerst fast Gesichtslähmung und dann war das Gelächter natürlich groß.

Allerdings gelten hier in Kalifornien ganz andere Maßstäbe!

Auf der Attraktivitätsskala oben steht hier, wer schlank, durchtrainiert und sonnengebräunt ist. Dazu wird Sport in jeder erdenklichen Form enthusiastisch betrieben. Hier wird geskatet, geradelt, gejoggt, Beachvolleyball gespielt – und sich durchaus auch gesund ernährt. All diese Sportarten konnten wir auf unserer kleinen Tour bewundern, dazu noch einen Sandburg-Wettbewerb. Okay, das ist kein Sport, aber es war sehr nett anzusehen.

Allerdings fügten wir uns nicht ganz nahtlos in die gängige Venice-Beach-Klientel ein. Corinna brachte es auch hier mal wieder trocken auf den Punkt: »Man sieht uns ganz genau an, dass wir Touristen sind. Alle anderen skaten hier mal locker in Hotpants und Bikini-Top, wir dagegen haben Knieschützer, Handgelenksschützer und auch noch T-Shirts an. Sexy geht anders.« Aber egal, besser als sich die Knie aufzuschlagen, da bin ich pragmatisch. Und wir hatten für einen Urlaub genug Kniekranke. Außerdem gibt's für Schönheit keinen Preis – zumindest meistens nicht. Und die Model-Karriere machen wir wann anders!

Nach zwei Stunden trafen wir uns wieder mit unseren Männern und machten noch einen Abstecher zum »Muscle-Beach«. Das ist ein Freiluft-Bereich an der Strandpromenade, auf dem Fitness-Geräte und Hanteln bereitstehen. Man kann dort zuschauen oder gegen eine kleine Gebühr auch selbst zur Hantel greifen. Allerdings trainiert man auf dem Präsentierteller und an diesem

Tag hätte sich selbst Reiner hinter den Jungs verstecken können, die gerade ihr Work-out absolvierten.

So motiviert ging's tatsächlich ins berühmte Gold's Gym ein paar Querstraßen weiter. Schließlich stand ja noch aus, in Los Angeles *angenehm* zu trainieren ...

Witzig anzusehen: Verkehrsschild am Zebrastreifen vor dem Gold's Gym in Venice-Beach.

Heike vertrieb sich die Zeit lieber am Strand, während wir anderen vier uns austobten. Reiner hatte sich das Training dort ganz besonders gewünscht. Dieses Studio ist so etwas wie die »geheiligten Hallen« des Bodybuildings. Schon Arnold Schwarzenegger hat hier trainiert und man sieht immer mal wieder den ein oder anderen Profi. Selbst die Leute, die nicht an Wettkämpfen teilnehmen und dort trainieren, sind oft beeindruckend. Nicht, dass ich Bodybuilding in Extremform schön finden würde, aber Respekt vor der Trainingsleistung nötigt es mir schon ab. Denn bei allen Fragezeichen, ob solche Muskelberge tatsächlich auf natürlichem Wege entstanden sein können, hartes Training und eiserne Disziplin gehören zweifellos dazu.

Wir Mädels jedoch passten nicht wirklich in die Klientel, das dort normalerweise trainiert. Beim Umziehen war ich mir auch erst nicht sicher, ob ich tatsächlich in der Damenumkleide gelandet war. Aber ein besonderes Erlebnis war's allemal. Für Reiner war es nur sehr, sehr schade, dass er mit seinem lädierten Knie kein Beintraining machen konnte. Das ist nämlich seine Lieblings- und auch Paradedisziplin. Außerdem musste er mit einem Auge immer ein bisschen auf Corinna und mich achten, denn ganz so fit an allen Geräten sind wir beide nicht. Insofern war auch das Training in Los Angeles nicht 100%ig *angenehm*. Na ja, 100 % gibt's nie und der Urlaub als Ganzes betrachtet kam einer perfekten Zeit schon äußerst nahe.

Nach dem Training verabredeten wir uns für den Abschiedsabend in einem Grillrestaurant am Wilshire-Boulevard. Und was soll ich sagen. Dieses Mal fanden *wir* die Kneipe nicht. Wir fuhren gefühlte Stunden den Wilshire-Boulevard entlang. Wer schon mal in LA war, weiß, *wie* entsetzlich großflächig diese Stadt ist. Wir hatten das kleine Kürzel »SM« für Santa Monica hinter der Adresse nicht wahrgenommen und waren den Wilshire-Boulevard in die falsche Richtung gefahren. Als wir das endlich merkten, war es viel zu spät, um noch umzukehren. Wir holten uns dann in einem Fast-Food-Schuppen ein schnelles Mahl und fuhren ziemlich entnervt wieder ins Hotel zurück.

Leider konnten wir uns so zu später Stunde nur telefonisch von Uwe verabschieden, was ich sehr bedauerte. Großstadt ist echt nix für mich!

Las Vegas oder »Hier gibt's Haie!« ...

Mir fällt gerade etwas ein, das muss unbedingt noch erwähnt werden, es macht die Geschichte mit Flo erst rund. Bei unserem Rückflug mit ihm stoppten wir nämlich nicht nur in LA (das war natürlich absolutes Pflichtprogramm für ihn als Bodybuilder), sondern fuhren auch für ein paar Tage weiter nach Las Vegas, die Stadt der Shows, des Glitzers, Glamours und des schönen Scheins. Dort wohnte nämlich zu der Zeit meine Freundin Gudrun, bei der wir auch nächtigen durften.

Flo hatte am Ankunftstag in Las Vegas Geburtstag und wurde einundzwanzig. Perfektes Timing. So konnten wir gemeinsam die Casinos besichtigen und nach opulentem Büffet mit einem Cocktail an der Bar anstoßen. Ein Geburtstagsfest, das in Erinnerung bleibt. Neben den vielen anderen Highlights, die Las Vegas zu bieten hat, besuchten wir später auch das Aquarium im Mandalay Bay, einem der großen Hotelcasinos.

Das war nicht nur spannend und insgesamt interessant, sondern es gab dort auch tatsächlich HAIE!!!!!! Und zwar nicht nur in einem Aquarium hinter Glas, sondern in einem Touchpool, sodass man sie anfassen und streicheln konnte. Okay, jetzt muss ich allerdings dazusagen, es waren Baby-Haie und sie hatten sich zum Ruhen in eine Nische des Beckens zurückgezogen, aber trotzdem fanden wir es irgendwie aufregend. Auf ganz Hawai'i begegnete uns (Gott sei Dank) kein einziger Hai, oder vielleicht haben wir sie nur nicht gesehen? Und hier *in der Wüste* konnte man sie buchstäblich hautnah erleben. Schon irgendwie grotesk, wir mussten bei dem Gedanken grinsen.

So, nun aber zum Abschluss zurück nach LA, in die Stadt der Engel.

Unsere letzte Nacht in Kalifornien war kurz, der Wecker klingelte um 3.30 Uhr. Wir mussten noch den Mietwagen zurückbringen und zwei Stunden vor Abflug am Flughafen sein. Das schafften wir auch, durften aber erst eine halbe Stunde vor Abflug einchecken, was ich schon sehr seltsam fand. Mein Gefühl trog mich nicht, denn in Frankfurt war mein Rucksack nicht auffindbar. Einen Tag später wurde er mir allerdings per Taxi nach Hause zugestellt.

Ansonsten verlief der Flug mit Zwischenlandung und Umsteigen in Chicago ohne besondere Vorkommnisse. Allerdings dauerte es eine ganze Weile, bis ich nach diesem erlebnisreichen und faszinierenden Urlaub wieder ganz in Deutschland angekommen war. Gefühlsmäßig hing ich noch eine ganze Weile »zwischen zwei Welten«. Außerdem galt es jetzt, sich mit dem Tod meiner Großmutter auseinanderzusetzen. Zuletzt war es mir während der Urlaubszeit nämlich fast unrealistisch erschienen, dass sie mich zu Hause nicht erwarten würde. Es fühlte sich eher wie ein schlechter Traum an, aber nun holte mich die Realität ein.

Abschlussgedanken – die Klickerfabrik

Zum Abschluss möchte ich es aber nicht versäumen, euch noch von unserer persönlichen »Klickerfabrik« zu berichten. Dazu muss ich vielleicht erst mal erklären, was genau in unserer Familie der Begriff »Klickerfabrik« bedeutet.

Also, wenn in meiner Kindheit an Geburtstagen, Feiertagen oder ähnlichen Festivitäten unsere ganze Familie beisammensaß, kamen die Erwachsenen, die Elterngeneration oft auf ein bestimmtes Thema zu sprechen. Nämlich, dass es total super wäre, eine eigene Firma zu besitzen, die man nach eigenen Wünschen und Vorstellung gestalten könnte.

Fantasievoll wurde kurzerhand die imaginäre familieneigene »Klickerfabrik« gegründet. In dieser Fabrik würden schöne, bunte Klicker (Murmeln) hergestellt werden, die vielen Kindern Freude bereiten würden. Aber das Allerbeste daran wäre, dass jedes Familienmitglied in dieser großen Fabrik einen Platz finden würde, an dem er oder sie seine ganz persönlichen Talente und Ideen einbringen könnte und natürlich auch ganz viel Spaß bei der Arbeit haben würde.

In Gedanken wurden sogleich die Aufgaben verteilt, denn in unserer Klickerfabrik gäbe es natürlich viel zu tun; für jeden Geschmack etwas. Der eine war mehr der Kreative, ihm würde zum Beispiel die farbliche Gestaltung der Klicker obliegen. Sie könnten jede nur erdenkliche Couleur und jedes noch so verrückte Muster bekommen. Der andere war mehr der Tüftler, der schon überlegte, wie man die Klicker noch geschmeidiger machen könnte, damit sie besser rollen. Natürlich hatten wir auch die Pragmatiker, die sich am besten im Büro aufgehoben fühlten, die Zahlengenies, die sich um die Buchhaltung kümmern wollten und die Extrovertierten für das Marketing, früher einfach die »Werbung«. So viel zum Familientraum »Klickerfabrik«.

Als Kind saß ich einfach nur dabei, während die Erwachsenen ihre Gedanken spannen, eher beschäftigt mit meinen Spielsachen. Aber diese Idee hat sich anscheinend doch so in mein Gedächtnis gegraben, dass ich mit Reiner zusammen meine persönliche Idee der »Klickerfabrik« entwickelt habe. Oder vielleicht muss ich besser sagen, dass es Reiners persönlicher Traum ist, dem ich mich aus vollstem Herzen anschließen kann. Unsere »Klickerfabrik« ist ein Fitnessstudio auf Maui.

Gedanklich sind wir da auch schon voll dabei. Die Idee ist, dort ein großes Gym zu eröffnen, mit einem ordentlichen Gerätepark, aber natürlich mit noch viel mehr Angeboten. Reiner, als kraftsportbegeisterter Mensch wäre natürlich der Leiter und Trainer. Außerdem würde es unbedingt eine Beachvolleyballanlage geben, am besten schön windgeschützt durch hübsche Bepflanzung – damit es nicht wieder zu solch katastrophalen motorischen Totalausfällen kommt, wie schon beschrieben. Als Volleyballtrainer würden mir da spontan auch schon einige Leute einfallen, die man ganz flugs in das Familienprojekt integrieren könnte.

Ich könnte mir gut vorstellen, dort Entspannungs- und Shiatsu-Behandlungen anzubieten. Natürlich draußen, vielleicht im Schatten eines offenen Pavillons, während eine leichte Brise weht ... Oh, ich sehe es schon vor mir. Zusätzlich könnte ich mich um die Büroarbeiten kümmern.

Natürlich würden wir die ganze Familie einbinden. Denn unser Gym hätte noch jede Menge mehr zu bieten. Es gäbe zum Beispiel ein Bistro, in dem Lore kochen könnte. Die Zutaten kämen aus dem biologisch-dynamischen Anbau meines Vaters – er gärtnert seit über vier Jahrzehnten so, liebt seinen Garten und hat den perfekten grünen Daumen. Reiners Mutter könnte den Empfang besetzen, sie ist kontaktfreudig und kann gut mit Menschen umgehen. Und für alle technischen Probleme stünden neben Reiner natürlich sein Vater und sein Onkel zur Verfügung. Beste Voraussetzungen. Also ihr seht, unsere Klickerfabrik ist – allerdings nur auf dem Reißbrett – schon ziemlich weit gediehen.

Ach, und das Allerwichtigste bei der ganzen Sache ist natürlich: *Jeder hat nur einen Teilzeitjob* – denn es muss ja auf alle Fälle genügend Zeit bleiben, um die Schönheiten und Möglichkeiten von Hawai'i zu genießen.

Das Gym soll in Küstennähe liegen, unsere Wohnung hingegen etwas weiter oben am Berg. Da sind die Nächte kühler und Reiner hat's angenehmer zum Schlafen. Vor meinem geistigen Auge sehe ich uns gerade dort abends auf der Veranda in der Hängematte liegen, der Grill ist schon vorgeheizt, der fangfrische Fisch vorbereitet, die Ananas aufgeschnitten und der Rosé-Wein kaltgestellt. So lässt es sich doch leben, oder?

Das einzige und entscheidende Problem ist: Der fehlende Lottogewinn, denn unter zwei Millionen Einstiegskapital lassen sich unsere Wünsche nicht so locker realisieren – sagt Reiner – und er ist das Mathegenie in der Familie. Also träumen wir einfach weiter. Vielleicht werden unsere Träume ja tatsächlich irgendwann wahr, wenn wir fest genug daran glauben? Wenn also jemand eine gute Fee kennt, die grad nix zu tun hat, kann er sie herzlich gerne bei uns vorbeischicken. Wir bräuchten auch nur einen Wunsch frei! (Na ja, vielleicht auch zwei …)

So, nun bleibt mir nur noch »Mahalo« – »Danke« zu sagen fürs Mitkommen. Ich hoffe, es hat euch wieder Spaß gemacht, mit mir in Gedanken auf Reisen zu gehen.

Bye, bye Hawai'i
and
see you soon!

Glossar

Acid War Zone	Gebiet, in dem ein Säureangriff stattgefunden hat.
Activity desk	Buchungsstelle für Ausflüge und Aktivitäten
Amazing place	Wunderbarer Ort
Another day in paradise	Ein weiterer Tag im Paradies
Backwash	Wellenrückstrom
Bay	Bucht
Beach	Strand
»Big Apple«	»Großer Apfel« – Spitzname von New York
Big Beach	Großer/Breiter Strand
Big Island	Die »große« Insel, Hawai'i
Black	Schwarz
Blowhole	Öffnung im Fels, durch die die Brandung/Gischt nach oben schießt.
Blue Pool	Blauer Pool
Boardwalk	Brettersteg
Cabin	Hütte
Canyon	Schlucht
Cave	Höhle
Chicken	Hühnchen
Church	Kirche
City of Refuge	Zufluchtsstätte
Cliff	Felswand
Coffee-Shop	Frühstücksrestaurant
Crazy	Verrückt
Day	Tag
Deep Blue	Tief(see)blau
Devastation	Verwüstung
Don't even think about it	Denk nicht mal im Traum daran.

Downhill	Bergab
Dragonteeth	Drachenzähne
Dress-Code	Kleiderordnung
Duct-Tape	Superstarkes Klebeband
Earl	Graf
Falls	Wasserfälle
Feeling	Gefühl
Forest	Wald
Germans	Deutsche
Green	Grün
Gulch	Schlucht
Gym	Fitnessstudio
Hang loose	Entspannt bleiben
Happy Hour	»Glückliche Stunde« – Getränke zum Angebotspreis
Hawaiian time	»Hawaiianische Zeit« – hier gehen die Uhren langsamer.
Heritage	Erbe
Highlight	Höhepunkt
Highway	Straße
Hills	Hügel
Hotspot	Bereich mit dünner Erdkruste an der Grenze tektonischer Platten, an der immer wieder Magma aufsteigt.
House	Haus
I survived the road to Hana	Ich überlebte die Straße nach Hana.
Ice-Tea	Eistee
If the surf is high, definately leave it for the big boys	Wenn die Brandung hoch ist, überlasst es unbedingt den »großen Jungs«.

Jacuzzi	Whirlpool/Blubberpool
Jetlag	»Durcheinander« im Schlaf-Wachrhythmus mit »Matschbirne« wegen der Zeitverschiebung.
Lifeguard	»Badeaufsicht«, in Deutschland würde man sagen: DLRG-Personal.
Locals	Einheimische
Lookout	Aussichtspunkt
Loop	Rundweg
Love & Peace Generation	»Liebe & Frieden« – Hippiegeneration
Muscle	Muskel
Muscle car	Aufgemotztes Auto
Muscle shirt	Trainingsshirt ohne Ärmel
Needle	Nadel
No go	Das geht gar nicht.
No rain, no rainbows	Kein Regen, keine Regenbögen
Northshore	Nordküste
Officer	Hier: Polizeibeamter
Overdressed	Für den Anlass zu übertrieben/schick gekleidet.
Painted	Bemalt
Pick-up	Kleinlaster mit Ladefläche
Pipe	Wellentunnel
Rain is liquid sunshine	Regen ist flüssiger Sonnenschein.
Ranger	Nationalparkangestellter/-aufseher
Red Dirt	Roter Dreck/Schmutz
Report	Einsatzbericht

River	Fluss
Road	Straße
Rooster	Hahn
Rolls	Brötchen
Saddle	Sattel
Salt & Pepper Strand	Salz- und Pfeffer-Strand, mit weißem und schwarzem Sand
Seven Sacred Pools	Sieben heilige Pools
Silversword	Endemische Pflanze aus der Gattung der Agaven
Sixpack	Hier: Waschbrettbauch
Sleeping Giant	Schlafender Riese
Sliding-Sands-Trail	»Rutschender-Sand-Wanderweg«
Slow-Motion	Zeitlupe
Smith & Wesson	Amerikanischer Waffenhersteller
Sound	Klang
South	Süden
Southernmost Point	Südlichster Punkt
State Park	Kleineres Naturschutzgebiet unter bundesstaatlicher Verwaltung
Story	Geschichte
Swamp	Sumpf
Tidepools	Gezeitentümpel
Timing	Zeiteinteilung
To-do-Liste	Liste der Dinge, die abgearbeitet werden sollen.
Touchpool	Streichelbecken
Tourguide	Reiseleiter
Tower	Turm
Trail	Wanderweg, Pfad
Trailhead	Beginn eines Wanderweges

Triple	Hier: Kajak mit drei Sitzplätzen
Valley	Tal
Village	Dorf
Visitor-Center	Besucherinformationszentrum
Volcano	Vulkan
Wetsuit	Neoprenanzug
Work-out	Training im Fitnessstudio

Danksagung

Ganz herzlich bedanken möchte ich mich bei allen, die mich bei diesem Bericht unterstützten. Allen voran bei meinem Mann Reiner, der mir immer mit Rat und Tat zur Seite stand, bei Gudrun und Jim Cheff (Weltklasse, wie Du die Bilder in meinem Kopf zeichnerisch zum Leben erweckt hast), Uwe, Heike, Gaby, Sina und allen anderen Beteiligten. Ohne Euch und Eure Geduld wäre dieses Projekt nicht möglich gewesen. Ich weiß das wirklich sehr zu schätzen!

Der Illustrator

Jim Cheff, Autor und Künstler, lebt in Flagstaff, USA. Seine Gemälde wurden in Galerien in New York ausgestellt. Als Cartoonist hat er Comics für Dark Horse Comics und Fantagraphics geschaffen. Zudem ist er Autor und Produzent von »Mary Farfisa Outer Space Radio Theater«, einem wöchentlichen Radiodrama für Kinder für Radio Sunnyside in Arizona.

Für weitere Informationen besuchen Sie die Webseite: Facebook.com/Maryfarfisa. Die Hörspiele sind auf der Webseite: Mixcloud.com/Maryfarfisashow zu hören.

Weiterführende Literatur

Maui Revealed: The Ultimate Guidebook by Andrew Doughty

Hawaii – The Big Island Revealed: The Ultimate Guidebook by Andrew Doughty

The Ultimate Kauai Guidebook: Kauai Revealed« by Andrew Doughty

jeweils erschienen bei Wizard Publications Inc

GEO Special Hawaii 05/2014

Bildatlas Special Hawaii, HB Verlag Hamburg 1994